JN123387

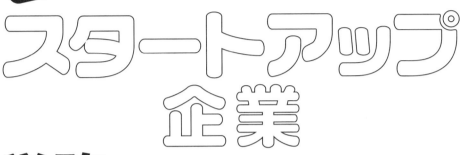

安藤社会保険労務士法人＝編

花乱社

装丁　前原正広

はじめに

　私共は日々，スタートアップ，ベンチャー企業などの労務相談や社会保険及び労働保険事務手続き代行，給与計算業務を行っています。通常の社会保険労務士事務所と少々相違する点は，お客様の大多数がＩＰＯなどを目指すＩＴ系のスタートアップ企業であるということでしょうか。それもかなり成長速度が速いスタートアップ企業ですので日々，様々な労使問題などが発生します。勢いがある企業は，海外展開なども急速に進めていきます。これらのお客様についていくために私共は，毎日Slackなどのチャットから相談を受けることにより，いろいろな知識を吸収しながら，学びながら，悩みながら，場合によっては外部の専門家の助けを借りながら，これまで20年間事務所を運営してまいりました。

　今回，本書籍を発行しようと思ったきっかけは，事務所が20周年を迎えたことにあります。これまでお付き合いさせていただきました多くのスタートアップ，ベンチャー企業に特有の事項や，最初にここだけは気を付けたほうがいいポイントなどを，本書ではスタートアップ企業の経営者様と労務ご担当者様に理解できるように記載しています。

　現在は労働法に関するコンプライアンス意識が非常に求められる時代です。多額の残業代未払い，各種ハラスメント，過労死問題などがトップニュースになることも珍しくありません。労務の問題というのは，労働法に抵触していることに気づきにくい点が特徴であると思います。現在主流となっているクラウド給与などで計算していても，給与計算システムの中の数値のちょっとしたセットミスにより残業代の未払い，正確には一部未払いの状態になっているケースも多く見受けられます。

労務管理というのは，特に最初が肝心です。従業員を雇用する際の労働条件（労働時間制度，定額残業制度，休日，休暇など）の詳細な決めが重要なポイントです。そうは言っても最初から完璧に労務管理をできるスタートアップ企業もないかと思いますので，今からでも本書でちょっとしたコツに気づいていただき，今後の労務管理にお役立ていただければ幸いです。

　最後に，事務所設立20周年を迎えられたのも，これまで顧問契約を締結していただきましたお客様，会計士，税理士，弁護士，同業者の皆さま，私共に関与していただきました全ての皆さまのご支援があったからです。本当にありがとうございました。心より感謝申し上げます。

　今後も引き続きましてよろしくお願い申し上げます。

安藤社会保険労務士法人
代表社員
特定社会保険労務士　　安藤健一

クラウドツールの活用について

　私共はこの 2, 3 年，スタートアップ企業の労務コンプライアンス調査業務を頻繁に行っています。

　現在では，勤怠管理にはじまり給与計算も様々なクラウドツールが出ており，皆さんもこれらをいくつか利用されているかと思います。労務コンプライアンス調査業務では，労働法関係の法律が遵守されているかについて，それぞれのツールのアカウントをいただき，各種設定などを検証していきます。結果は，残念なことにほぼ大多数のスタートアップ企業において，正確に各種設定がされていません。

　正確な設定がされていないということは，正確に給与計算業務ができていないということです。従業員の給与について，きちんと計算されて支払えていないということです。スタートアップだからといって許されることではありません。給与というのは，従業員にとっては何より気になる点で，最も大切な労働条件だからです。

　例えば，勤怠管理ツールにおいて残業時間が正確に算出されていないと，当然ながら正確な残業代が計算されません。この残業時間については，勤怠管理ツール上では，設定どおりに残業時間数が出てくるのですが，残業といっても法定外残業時間やいわゆる法定内残業時間が別々に計算される場合もあります。これらの数字を給与計算にどうつないでいくのが正しいのかを，事前によく確認する必要があります。

　しかしながら，その勤怠のそれぞれの数字の検証をせずにクラウド給与計算ツールになんとなくインポートし，なんとなく給与計算を回している企業が多いように感じます。その結果，多くの未払い残業につな

がっている企業をこれまで多くみてきました。今では未払い賃金の消滅時効が2年から3年に延長されていますので，未払い残業代があった場合は，遡及して多額の金額を支払わざるを得ないこともあります。

　特に会社が急成長している企業は，労使紛争もよく起こります。その場合には，残業代未払い（一部未払い含む）などの主張も併せて行われることが多いです。そこで焦っても遅いのです。

　そもそも，勤怠管理や給与計算業務をしたことがない人にとっては，やはり勤怠管理及び給与計算ツールを設定することは非常に難しい作業となります。よって最初の設定は，労務の専門家である社会保険労務士などと一緒にされることを強くお勧めいたします。

　今からでも遅くはありません。自社の給与計算まわりが正しく設定されているかについて，1日でも早く確認してみてはいかがでしょうか。

目　次

第3章　労働契約，業務委託契約，労働者派遣契約，出向契約とは？

第4章　就業規則，36協定及びその他の労使協定

第5章　労働時間，休日，休暇，安全衛生
スタートアップで意識したいポイント

第6章　労働時間制度（フレックスタイム制など）のポイント

第9章　労務コンプライアンス調査業務における指摘事項例

第10章　バックオフィス実務で特に注意したいポイント
（管理監督者，退職勧奨など，休職規定）

第1章
2023年　注目の法改正事項

残業代請求の時効がいよいよ3年時代へ
（将来的には5年へ）

　民法改正の影響を受けて残業代請求の時効期間が2年から3年へと変更されています。この民法改正は2020年4月のため，2023年4月以降は，残業代の未払い（一部未払いも含む）については，丸々3年間遡及して請求できることになります。

　本書でもご案内しておりますが，残業代の計算については労働基準法で規定していますが，通常の給与計算ではあまり意識されずに行われている実態があります。実は，法律に抵触していることにとても気づきにくい分野です。

　スタートアップ企業では，クラウド給与システムを導入するケースが多いと思いますが，給与システムの設定については特に慎重に対応する必要があります。初期段階の設定だけでなく，手当などを追加する場合も残業代の基礎単価に入れる必要があるかなど確認し，給与システムの設定が必要となります。給与システムの設定が正しく行われているかについては，社会保険労務士などの外部の専門家に一度確認してもらうことをお勧めいたします。

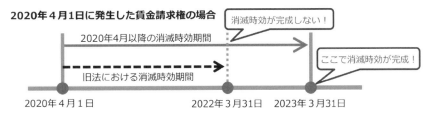

2020年4月1日以降に支払われる賃金に適用されています

2020年4月1日に発生した賃金請求権の場合

消滅時効が完成しない！

2020年4月以降の消滅時効期間

ここで消滅時効が完成！

旧法における消滅時効期間

2020年4月1日　　　　2022年3月31日　　2023年3月31日

出典：厚生労働省リーフレット「未払賃金が請求できる期間などが延長されています」

2023年４月以降労働分の時間外手当について
残業時間が60時間超の場合，50％増しへ

　2023年３月31日まで中小企業に対しては，１カ月の時間外労働が60時間を超えた場合であっても25％の割増率のままとする猶予措置がとられていましたが，法改正によって全ての企業が50％に引き上げられました。前述の給与システムの設定を適切に行っていない場合は，一部未払い残業代の累積が放置されてしまい，将来深刻な事態に発展する可能性がありますので，特に注意する必要があります。

■2023年４月１日からの中小企業の割増賃金率

	１カ月の時間外労働 ［１日８時間・１週40時間を超える労働時間］	
	60時間以下	60時間超
大 企 業	25％	50％ (2010年４月から適用済)
中小企業	25％	25 → 50％

　※対象となるのは2023年４月１日から労働させた時間となります。

中小企業の事業主の皆さまへ

2023年4月1日から

月60時間を超える時間外労働の割増賃金率が引き上げられます

◆改正のポイント
中小企業の月60時間超の時間外労働に対する割増賃金率が50%になります

（2023年3月31日まで）

月60時間超の残業割増賃金率
大企業は 50%（2010年4月から適用）
中小企業は 25%

（2023年4月1日から）

月60時間超の残業割増賃金率
大企業、中小企業ともに50%
※中小企業の割増賃金率を引き上げ

	1か月の時間外労働 1日8時間・1週40時間を超える労働時間	
	60時間以下	60時間超
大企業	25%	50%
中小企業	25%	**25%**

	1か月の時間外労働 1日8時間・1週40時間を超える労働時間	
	60時間以下	60時間超
大企業	25%	**50%**
中小企業	25%	50%

➤2023年4月1日から労働させた時間について、割増賃金の引き上げの対象となります。

（※）中小企業に該当するかは、①または②を満たすかどうかで企業単位で判断されます。

業種	① 資本金の額または出資の総額	② 常時使用する労働者数
小売業	5,000万円以下	50人以下
サービス業	5,000万円以下	100人以下
卸売業	1億円以下	100人以下
上記以外のその他の業種	3億円以下	300人以下

深夜・休日労働の取扱い

月60時間を超える法定時間外労働に対しては、使用者は50％以上の率で計算した割増賃金を支払わなければなりません。

深夜労働との関係

月60時間を超える時間外労働を深夜（22:00〜5:00）の時間帯に行わせる場合、**深夜割増賃金率25％＋時間外割増賃金率50％＝75％**となります。

休日労働との関係

月60時間の時間外労働時間の算定には、法定休日に行った労働時間は含まれませんが、それ以外の休日に行った労働時間は含まれます。

（※）法定休日労働の割増賃金率は、35％です。

代替休暇

月60時間を超える法定時間外労働を行った労働者の健康を確保するため引き上げ分の割増賃金の支払の代わりに有給の休暇（代替休暇）を付与することができます。

就業規則の変更

割増賃金率の引き上げに合わせて就業規則の変更が必要となる場合があります。

「モデル就業規則」も参考にしてください。

（就業規則の記載例）

（割増賃金）
第○条　時間外労働に対する割増賃金は、次の割増賃金率に基づき、次項の計算方法により支給する。
　（1）1か月の時間外労働の時間数に応じた割増賃金率は、次のとおりとする。この場合の1か月は毎月 1日 を起算日とする。
　　①　時間外労働60時間以下・・・・25％
　　②　時間外労働60時間超・・・・・50％
　　（以下、略）

具体的な算出方法（例）

1か月の起算日からの時間外労働時間数を累計して60時間を超えた時点から50%以上の率で計算した割増賃金を支払わなければなりません。

算出例
- 1か月の起算日は毎月1日
- 法定休日は日曜日
- カレンダー中の青字は、時間外労働時間数

- 時間外労働の割増賃金率
  60時間以下‥‥25%
  60時間超‥‥‥50%

日	月	火	水	木	金	土
	1 5時間	2 5時間	3	4 2時間	5 3時間	6 5時間
7 5時間	8 2時間	9 3時間	10 5時間	11	12 5時間	13 5時間
14	15 3時間	16 2時間	17	18 3時間	19 3時間	20 3時間
21	22 3時間	23 3時間	24 2時間	25 1時間	26 2時間	27 1時間
28 3時間	29 1時間	30 1時間	31 2時間			

↑ 法定休日労働　　↑ 月60時間を超える時間外労働

割増賃金率

- ◆ 時間外労働（60時間以下）　カレンダー白色部分　＝25%
- ◆ 時間外労働（60時間超）　カレンダー緑色部分　＝50%
- ◆ 法定休日労働　　　　　　カレンダー赤色部分　＝35%

働き方改革推進支援助成金の活用方法（例）

「働き方改革推進支援助成金」は、働き方改革に取り組む中小企業事業主に、環境整備に必要な費用の一部を国が助成する制度です。

[活用例]

労務管理の報告業務が非効率な状況で、時間外労働時間が月60時間を超える労働者が複数名存在した

→ ● 勤怠管理システムを導入
各自の労働時間を 把握し、業務を平準化

取り組みの結果、時間外労働時間が月60時間を超える者がいなくなった

← ● 就業規則に月60時間超の割増賃金率の規定を改正

勤怠管理システム導入費用と就業規則の改正費用に、働き方改革推進支援助成金を活用

助成率 75%
一定の要件を満たした場合 80%

上限額 最大250万円
事業場内賃金の引き上げ等の一定の要件を満たした場合
最大490万円

助成金のご案内

働き方改革推進支援助成金	生産性を向上させ、労働時間の縮減等に取り組む中小企業事業主に対して、その実施に要した費用の一部を助成
業務改善助成金	生産性向上のための設備投資などを行い、事業場内最低賃金を一定以上引き上げた場合に、その設備投資などにかかった費用の一部を助成

相談窓口のご案内

労働基準監督署 労働時間相談・支援コーナー	時間外労働の上限規制や年次有給休暇などの法令に関する知識や労務管理体制についてのご相談に、窓口・電話で対応・支援しています。 また、ご希望があれば、個別訪問での相談・支援も行っています。
都道府県労働局 ・パートタイム労働者、有期雇用労働者関係 ：雇用環境・均等部(室) ・派遣労働者関係：需給調整事業部(課・室)	正規雇用労働者と非正規雇用労働者（パートタイム労働者・有期雇用労働者・派遣労働者）の間の不合理な待遇差の解消に関する相談に応じます。
働き方改革推進支援センター	働き方改革関連法に関する相談、労働時間管理のノウハウや賃金制度等の見直し、助成金の活用など、労務管理に関する課題について、社会保険労務士等の専門家が相談に応じます。
産業保健総合支援センター	医師による面接指導等、労働者の健康確保に関する課題について、産業保健の専門家が相談に応じます。
よろず支援拠点	生産性向上や人手不足への対応など、経営上のあらゆる課題について、専門家が無料で相談に応じます。
ハローワーク	求人充足に向けたコンサルティング、事業所見学会や就職面接会などを実施しています。
医療勤務環境改善支援センター	医療機関に特化した支援機関として、個々の医療機関のニーズに応じて、総合的なサポートをします。 ▶「いきサポ」で検索

(2022.4)

第２章

最近よくお問い合わせを受ける
ご相談10選

Q1 在宅勤務者の会社への交通費は通勤手当?

A 労働契約書上の就業場所が「自宅」ならば「旅費」になります。

　ＩＴ系のスタートアップ企業では，コロナ禍で急激に増えた在宅（リモート）勤務が，感染収束後の現在でも多いまま定着しつつあり，現状に合わせて通勤交通費の扱いを変更される企業も出てきました。ここでのポイントは，本来の就業場所がどこであるかにつきます。

　労働契約書上の就業場所が「自宅」であれば，時々ミーティングなどで会社に行く場合は通勤手当ではなく，単なる旅費になります。

　就業場所がこれまで通り「会社」であれば，自宅から会社までは通勤になりますので，これまでと同様に通勤手当として支給をすることになります。

　就業場所を形式上「自宅」にして，すべて旅費などの経費扱いにすることは，もちろんＮＧです。実態がとても重要です。

■在宅勤務導入に伴う通勤交通費の考え方

	労働契約書上の就業場所	
	自　宅	会　社
自宅から会社までの移動	通勤ではない	通　勤
自宅から会社までの交通費	旅　費	通勤手当
社会保険・労働保険の算定基礎	旅費のため対象外	通勤手当のため対象

Q2 定額残業代制度 (みなし残業制度) って何?

A あらかじめ一定時間数分の残業代を定額(固定)で支給することです。

ほとんどのスタートアップ企業は, 一定時間数分の残業代を定額(固定)で毎月支給しています。

例えば, 毎月30時間分の残業代を定額で支給して, 実際の残業時間が30時間を超える場合は, その差額時間数分の残業代を追加支給します。残業が30時間を超えない場合は, 定額残業代部分を減額することなくそのまま支給します。

企業としては, 毎月の給与がある程度固定化できるというメリットがあります。労働時間管理については, 原則として1分単位で求められるため, ある程度残業代を固定化することは必要であると感じます。

ただし, この運用をきちんとしていない企業が多く見受けられます。口頭だけで「うちは残業代が給与の中に30時間分込みになっている」と説明し, 給与明細書の表示が基本給と定額残業代部分に分かれていないケースがあります。また, 給与明細書上は区分されているのだけれど, 定額残業代の計算が間違っているケースなども多くあります。

せっかく企業にとってはメリットのある制度ですので, しっかりと運用まで行うことがとても重要です。ポイントは第8章に後述していますのでご参考になさってください。

Q3 社員紹介にあたって紹介料として一時金を支給したい
(リファラル採用，社員紹介制度)

A 紹介料としての一時金は必ず給与(賞与)として支払ってください。

　自社の従業員からの紹介によって採用活動を行う企業が増加しています。このときに，紹介してくれた従業員に謝礼として一時金で数十万円を支払うケースがあります。この扱いについて，聞きなれない法律ですが職業安定法第40条(報酬の供与の禁止)という条文がありますので，必ず給与(賞与)扱いとして支払っておく必要がありますのでご注意ください。

　実務上は，社会保険上の実務手続きとしては，「賞与」として賞与支払い届を提出することが必要です。社会保険料もかかりますので社会保険料控除をお忘れなく。

　また，給与規程上も社員紹介制度について条文を追加しておくことが必要となります。

　職業安定法(報酬の供与の禁止)

　第40条　労働者の募集を行う者は，その被用者で当該労働者の募集に従事するもの又は募集受託者に対し，賃金，給料その他これらに準ずるものを支払う場合又は第36条第2項の認可に係る報酬を与える場合を除き，報酬を与えてはならない。

Q4 そもそもの社会保険や労働保険の加入について

A 基本的なことですが，会社を設立した場合の社会保険や労働保険の適用関係についてもよく問い合わせがありますので，ここで整理しておきます。

1. 適用事業所

（社会保険：健康保険・厚生年金保険，労働保険：労災保険・雇用保険）

	常時使用する従業員	社会保険	労災保険	雇用保険
法人	なし（常勤の法人代表者・役員のみ）	○	×	×
	あり	○	○	○
個人	5人以上	○ ※1	○	○
	5人未満	任意適用	○ ※2	○ ※3

※1．農業，林業，水産業，旅館，飲食店，理容店などのサービス業，寺院，神社は，任意適用。なお，令和4年10月から，5人以上の従業員を雇用する士業事務所（法律事務所，税理士事務所など）は社会保険の強制適用事業所となりました。
※2．労災保険については農林水産の事業の一部を除き，パート・アルバイトを含めた労働者を1日・1人でも雇っていれば，必ず加入手続をしなければなりません。
※3．農業，林業，水産業のうち一部は任意適用。
＊なお，個人事業所の場合，事業主ご本人は社会保険の被保険者にはなりません。

2. 社会保険の加入

75歳未満で，社会保険に加入している会社（適用事業所）に常時雇用されている方は，加入となります（※厚生年金保険は，原則70歳に達するまでの加入となります）。

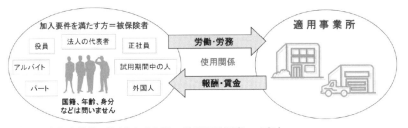

出典：日本年金機構 「厚生年金保険・健康保険制度のご案内」

雇用期間	1週間の所定労働時間と1カ月の所定労働日数が正社員の3/4		
	以　上	以　下	
		101人以上の企業	100人以下の企業
2カ月超	○ (注1)	加入する場合がある (注2)	×
2カ月以下	×	×	×

注1：「1週間の所定労働時間」及び「1カ月の所定労働日数」が，同じ事業所で同様の業務に従事する正社員の3/4以上の場合。

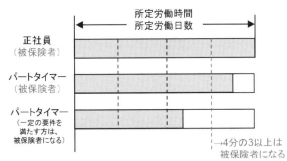

出典：日本年金機構「厚生年金保険・健康保険制度のご案内」

注2：正社員の3/4未満であっても，101人以上の企業に勤務し，以下の要件に該当する場合，加入となります（※2024年10月から従業員数51人以上に変更となります）。

 1．週の所定労働時間が20時間以上30時間未満。

 2．月額賃金が8.8万円以上（基本給＋諸手当）。

  ＊残業代・賞与・臨時的な賃金・最低賃金に算入しないことが定められた賃金（精皆勤手当，通勤手当，家族手当）などは含みません。

 3．2カ月を超える雇用の見込みがある。

 4．学生ではない。

3. 雇用保険の加入

	1週間の所定労働時間	
	20時間以上	20時間未満
31日以上の 雇用見込みがある	○ (加入)	× (加入しない)

〈加入とならない場合〉

● 31日以上の雇用見込みがない

● 1週間の所定労働時間が20時間未満

● 季節的に雇用される者で,

　① 4カ月以内の期間を定めて雇用される者

　　または

　② 1週間の所定労働時間が30時間未満の者

● 昼間学生（一部加入となる場合あり）

● 法人の役員（兼務役員で労働者性が強い場合は加入）

● 2以上の適用事業所に雇用される者

　（主たる賃金を受ける事業所にて加入）

● 同居の親族（原則）

● 船員

● 公務員

Q5 インセンティブや歩合給を支給したい

A インセンティブなどについて別途，割増給与や有給取得時の給与の加算などいろいろと注意する必要があります。

　よく従業員のモチベーションアップのために，営業職などにインセンティブや歩合給を支給したいというご相談があります。実はこのような場合は，いろいろと注意する必要があります。

　インセンティブや歩合給を毎月支給する場合には，独自の時間外の割増給与が必要だったり，あまり知られていませんが，有給休暇を取得した場合の賃金については通常の給与に加算して歩合部分の加算をして給与を支給する必要があります（※有給休暇の給与を所定労働時間労働した場合に支払われる通常の給与としている場合）。

　「そんなことしている企業なんてあるの？」という疑問を持たれるかもしれませんが，仮に従業員ともめるような労使紛争などがあった場合は，残業代をまとめて請求されるケースが多くあります。

　このような法律の規定を知っていれば，毎月インセンティブや歩合給を支給する給与構成にはしないはずです。もしくは，これらのインセンティブや歩合給を毎月支給するのではなく，賞与として年に2回支給するなどの工夫をしたいところです。

Q6 賞与を年4回以上出したらダメ？

A 社会保険の手続きが煩雑になるためお勧めしません。

　賞与の支給回数自体に制限があるわけではありませんが，同じ性質の賞与を年に4回以上支給すると，社会保険の手続きが煩雑になるため，お勧めしません（性質が異なるものは，別々にカウントします）。

　同じ性質の賞与を4回以上支給した場合は，7月1日前の1年間に受けた賞与の総額の1/12を，算定基礎届や月額変更届の報酬月額を算出する際に加算する必要があります。そのような場合，資格取得時の報酬月額の算出時にも，当該事業所において，同様の業務に従事し，同様の賞与を受ける者の7月1日前の1年間に受けた賞与の総額の1/12の平均額を加算する必要があります。

Q7 裁量労働制って何? フレックスタイム制との相違点は?

A 裁量労働制には，労働基準法上，2種類があります。
①専門業務型裁量労働制，②企画業務型裁量労働制

　スタートアップ企業では，これらを意識せず，「当社は裁量労働だから残業代は出ないよ」とする「なんちゃって裁量労働制」を適用しているところが意外に多くあります。

　正式な裁量労働制を導入するためには，労使協定を締結したり，労使委員会を設置するなど，法律に規定された要件をクリアする必要があります。勝手な思い込みで対応していると，あとで従業員から多額の残業代を請求されるケースもありますので十分ご注意ください。

　これは私見ですが，柔軟な労働時間制度の適用を検討されている場合は，最初は要件が非常に厳しい裁量労働制の導入は見送り，きちんと労働時間の長さを測るフレックスタイム制などを導入されることをお勧めいたします。フレックスタイム制の詳細な説明につきましては，第6章に後述していますので参考になさってください。

Q8　深夜労働の賃金の割り増しは必要？　何時から？

A 22時から5時までの間に労働させた場合，割り増しが必要です。

　深夜労働の賃金の割増率は25％（法定）です。

　なお，労働基準法上の管理監督者についても，深夜手当の支払いは必要です。

第1章

第2章

第3章

第4章

第5章

第6章

第7章

第8章

第9章

第10章

割増賃金を正しく理解しているかチェック！

割増賃金の種類と割増率を確認しましょう

割増賃金は3種類

種　類	支払う条件	割増率
時　間　外 （時間外手当・残業手当）	法定労働時間（1日8時間・週40時間）を超えたとき	25%以上
	時間外労働が限度時間（1か月45時間、1年360時間等）を超えたとき	25%以上 （※1）
	時間外労働が1か月60時間を超えたとき（※2）	50%以上 （※2）
休　　　日 （休日手当）	法定休日（週1日）に勤務させたとき	35%以上
深　　夜 （深夜手当）	22時から5時までの間に勤務させたとき	25%以上

（※1）25%を超える率とするよう努めることが必要です。

（※2）中小企業については、2023年4月1日から適用となります。

例　時間外労働の割増率 ［所定労働時間が午前9時から午後5時（休憩1時間）までの場合］

```
17:00～18:00⇒1時間あたりの賃金×1.00×1時間          法定時間内残業
18:00～22:00⇒1時間あたりの賃金×1.25×4時間          法定時間外残業
22:00～ 5:00⇒1時間あたりの賃金×1.50(1.25＋0.25)×7時間  法定時間外残業＋深夜
```

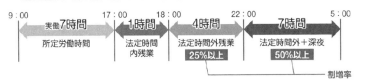

例　法定休日労働の割増率 ［午前9時から午後12時（休憩1時間）まで労働させた場合］

```
9:00～22:00⇒1時間あたりの賃金×1.35×12時間          休日労働
22:00～24:00⇒1時間あたりの賃金×1.60(1.35＋0.25)×2時間  休日労働＋深夜労働
```

出典：東京労働局「しっかりマスター　労働基準法　割増賃金編」

Q9 最近のクラウド勤怠・給与システムでお勧めは？

A 必要とする機能を整理しましょう。サポートが充実していると安心です。クラウド給与システムは現段階では比較的少人数の事業所に向いています。

クラウド勤怠システムは，多様な打刻方法を利用できたり，有休管理や一定の基準を超えた時間外労働が発生した場合にアラートを設定できる機能があるなど，様々な機能を備えているものが多くあります。ただし，システムごとにできることもサポート体制も様々ですので，自社に必要な機能を整理し，システムを選ぶ必要があります。

また，「●●ができる」と資料にあっても，「○○の設定をしていることが必要」な場合があり，結果的に利用できない可能性もあります。利用したい機能については，導入前に詳細を確認しておくと安心かと思います。

また，初期設定を自社で行うシステムの場合，導入時に設定の負担が担当者にかかってきます。様々な機能がありますし，動作確認も含めるとそれなりの時間が必要かと思われますので，導入スケジュールは余裕をもって設定していただくとよろしいかと思います。

運用開始後も「○○という問題を解決するために，Aの設定の変更をしたら，Bの出力に影響が出た」といったケースがありますので，サポートが充実しているシステムですと安心です。

クラウド給与システムは，その他の業務システムとのデータ連携などのしやすさからか，利用が増えているように感じています。システムにもよりますが，勤怠システムなどとの連携サービスも数多くあります。ただし，連携が可能な項目や設定方法はそれぞれのシステム間で異なりますので確認が必要です。

給与計算のしやすさの面では，現状，少人数の事業所に向いていると

感じています。例えば，あるシステムでは給与データをCSV出力するためには，給与の確定処理を行う必要がありますが，給与データの確認作業中に1名分だけ給与データの修正が発生した場合であっても，データを修正するためにはその月の確定処理を解除しないと変更ができません。確定処理を解除すると，従業員情報などを読み込みなおし，再計算がかかります。そのため，例えば次月の給与計算用に設定を変更していた場合などは，修正対象者ではない場合であっても変更後の内容で再計算がかかってしまうことになります。また，人数が多いと処理に時間がかかることも，現段階では少人数の事業所に向いていると感じる理由の一つです。

　また，給与システムにて特別な設定が必要な場合にも，システム選定時に実現可能かどうかを確認しておく必要があります。

　クラウド給与システムについては，日々バージョンアップがされており，今後は大規模事業所についても対応可能なシステムになることは間違いないでしょう。

Q10 36協定 (サブロク協定) ってよく聞くけど, どんな書類?

A 労働基準法第36条に規定されている
「時間外・休日労働に関する協定届」のことです。

　労働基準法上は，法定労働時間（1日8時間，1週40時間）を超えて労働者に労働させる場合は，事前に労働者の過半数を代表する者や労働組合と書面により協定を締結して，管轄の労働基準監督署に届け出ることによってはじめて残業や休日出勤をさせることができます。この協定を届け出ていないと，残業などをさせることは「違法」になります。

　協定届出前の残業は違法状態ですので，残業をさせる可能性が少しでもあるのであれば必ず36協定を届け出るようにしましょう。ちなみに届け出た内容を労働者に周知する必要もありますので，こちらもご留意ください。

　特にIPOを目指すスタートアップ企業にとっては，上場審査時に証券会社などに最も厳格に確認される書類となりますので，協定の内容，さらに協定をいかに遵守していくかについて早期に業務運用を固めていく必要があります。

第3章

労働契約, 業務委託契約, 労働者派遣契約, 出向契約とは？

労働契約とは

労働契約とは，使用者が労働者を雇い入れる際に労働者との間で締結する契約です。

労働契約法第6条において労働契約が定義されています。

> 労働契約法
> 第6条　労働契約は，労働者が使用者に使用されて労働し，使用者がこれに対して賃金を支払うことについて，労働者及び使用者が合意することによって成立する。

つまり使用者が労働者を雇い入れて，労働者が使用者のために働き，それに対して使用者が賃金を払うことを目的とする契約が労働契約といえるでしょう。

1. 労働契約と雇用契約との違い

労働契約と雇用契約は実質的にはほぼ同じ契約です。ただし労働契約は労働契約法によって規定されており，雇用契約は民法によって規定されているという違いがあります。民法では雇用契約について「当事者の一方が相手方に対して労働に従事することを約し，相手方がこれに対してその報酬を与えることを約すること」と規定されています。

このように表現は異なりますが，両者はほとんど同一のものとして理解してかまいません。

2. 労働契約は口頭でも成立する

労働契約を締結する際，契約書の作成は必須ではありません。労働者と使用者が合意すれば，口頭でも労働契約は成立します。

3. 労働条件通知書の交付が必要

　労働基準法では，労働契約の締結にあたって使用者は労働者へ一定の事項を記載した書面を交付しなければならないと定めています。

　労働条件通知書は労働契約書と分けて作成してもかまいませんが，両者を兼ねることも可能です。両者を一緒にすると，いちいち2通の書面を作成しなくて良いので手間を省けるメリットがあるでしょう。

　そして労働条件通知書には一定の明示しなければならない事項があります。これを「絶対的明示事項」といいます。漏れがあると書類不備となって違法状態になるので注意が必要です。

労働条件通知書の「絶対的明示事項」

①労働契約の期間に関する事項
②就業の場所及び従事する業務に関する事項
③始業及び終業の時刻，所定労働時間外の有無，休憩時間，
　休日，休暇並びに就業時転換に関する事項
④賃金に関する事項
⑤退職に関する事項（解雇事由を含む）
⑥有期労働契約の場合は，更新の有無及びその判断基準

　労働条件通知書は，基本的に「書面」で交付しなければなりませんが，2019年4月からは法改正により，労働者が希望した場合は，FAX，電子メール（Gmail，Yahooメールなど），SNS（LINE，メッセンジャーなどのメッセージ機能）などでも明示できるようになりました。

　ただし，そのためには労働者側の「希望」が必要です。

　労働者が希望していないのに労働条件通知書をメールなどで送信すると違法になってしまうので，注意しましょう。

　労働条件通知書をメールなどで送信する場合，必ず事前に労働者側の

意向を確認し，電子的な方法を希望する場合にはその旨の書面やメールなどをとっておくべきです。

　最近のスタートアップ企業では，労働条件の通知について，クラウドツールなどを使って行うケースが増えてきています。

　労働条件通知書の書式は厚生労働省にて公開されています。こちらを参考にして作成すると良いでしょう。

https://www.mhlw.go.jp/bunya/roudoukijun/roudoujouken01/index.html

労働契約と業務委託契約の違い

　スタートアップ企業においては，システムエンジニアなどと業務委託契約を締結しているケースが多くみられますが，実態が労働者である場合には，偽装請負とみなされ行政指導の対象となるリスクや，契約満了を提示した途端に労働者性を主張され，未払い残業代の支給を余儀なくされるリスクがあります。次のチェックポイントに当てはまっているか確認し，適切に活用しましょう。

　□　業務の依頼に対して許諾の可否があるか
　□　自社専属とせず，兼業・副業を自由に認めているか
　□　再委託や補助者を使用することを認めているか
　□　とりあえず出社を命じるなど，必要がないのに出社させ拘束していないか
　□　セキュリティ面など，特に必要である場合を除いて機械，器具を自社で負担していないか
　□　セキュリティ面などの留意点を除き，自社の詳細なマニュアルによる業務遂行を義務付けていないか
　□　一般社員に対する賃金より高い報酬を設定しているか
　□　実態は雇用契約であるにもかかわらず，本人が業務務委託を希望したという理由で業務委託契約を締結していないか

次の点を整理する必要があります。

1. 労働契約と業務委託契約の相違

(注) ①請負は，仕事の完成を約束し成果物に対して報酬が支払われる形式。
　　　②準委任契約は，特定の業務の遂行を目的としたもので，業務を遂行
　　　したことに対して報酬が支払われる形式。

2. 労働者派遣契約とは？

　労働者派遣とは，派遣契約に基づき，派遣元事業主が自己の雇用する労働者を，派遣先の指揮命令を受けて，派遣先の労働に従事させることをいいます。

《直接雇用と派遣労働者の違い》

◆雇用主は誰か？
派遣は、直接雇用とは異なる働き方です。

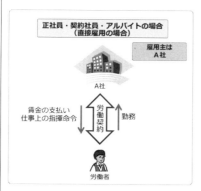
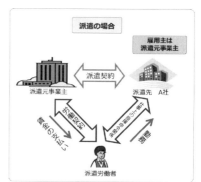

直接雇用の場合		派遣の場合
A社	労働者と労働契約を結ぶのは（雇用主は）	派遣元事業主
A社	賃金を支払うのは	派遣元事業主
A社	社会保険・労働保険の手続を行うのは	派遣元事業主
A社	勤務先は	派遣先のA社
A社	仕事上の指揮命令を行うのは	派遣先のA社
A社	年次有給休暇を付与するのは	派遣元事業主
A社	休業の際の休業手当を払うのは	派遣元事業主

労働基準法などの労働基準関係法令などについては、一部は派遣先が責務を負いますが、基本的には派遣労働者の雇用主である派遣元事業主が責務を負います。

＜解雇について＞
派遣元事業主は、有期労働契約を更新しない場合（雇止め）のルール、解雇に関するルールを守らなければなりません。

なお、派遣元事業主と派遣先との間の派遣契約と、労働者と派遣元事業主の間の労働契約は別の契約であり、派遣契約の解除がそのまま労働契約の解除となるわけではありません。

出典：厚生労働省「派遣で働くときに特に知っておきたいこと」

労働者派遣には，「❶事業所単位」かつ「❷個人単位」の両方の期間制限が適用されます。

❶ 派遣先事業所単位の期間制限

　同一の派遣先事業所で，派遣を受け入れることができる期間は，原則3年が限度です。

派遣先事業所単位の期間制限とは

出典：厚生労働省「派遣社員を受け入れるときの主なポイント」

　3年を超えて派遣を受け入れる（事業所単位の期間制限を延長する）場合は，
　(a) 派遣労働者を受け入れる事業所
　(b) 延長しようとする派遣期間
を書面で通知した上で，過半数労働組合など[※1]の意見を聴く必要があります。

　また，意見聴取の参考となる資料を提供する必要があります。

■意見聴取の参考となる資料の提供

いつまでに？	延長しようとする派遣可能期間が終了する1カ月前まで
だれに？	事業所の過半数労働組合など （※1　過半数労働組合が存在しない場合は，事業所の労働者の過半数を代表する人）
意見聴取の参考となる資料とは？	事業所の派遣労働者数・無期雇用労働者数の推移に関する資料など，意見聴取の参考となる資料
異議があったら？	延長前の派遣可能期間が経過する前に， ①派遣可能期間の延長の理由と延長の期間， ②異議への対応方針を説明　　　　　　　（※2）

意見聴取後は，下記を行う必要があります。

(1) 以下の事項を書面に記載し，延長前の派遣可能期間が経過した日から3年間保存しなければなりません。また，事業所の労働者への周知も必要です。

- 意見を聴いた過半数労働組合の名称または過半数代表者の氏名
- 過半数労働組合などに書面通知した日及び通知した事項
- 意見を聴いた日及び意見の内容
- 意見を聴いて，延長する期間を変更したときは，その変更した期間
- 異議があった場合に，過半数組合などに対し説明した内容（上記表の※2）

(2) 事業所における派遣可能期間を延長したときは，派遣元に対して，延長後の派遣可能期間の制限（事業所単位の期間制限）に抵触する日を通知する必要があります。

❷ 派遣労働者個人単位の期間制限

同一の派遣労働者を，派遣先の同一組織単位で，3年を超えて受け入れることはできません。

（※組織単位とは，課，グループなどの業務としての類似性や関連性がある組織，かつその組織の長が業務の配分や労務管理上の指揮監督権限を有するものと定義されています。派遣先における組織の最小単位よりも一般に大きな単位を想定して

個人単位の期間制限とは

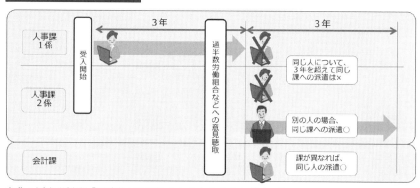

出典：厚生労働省「派遣社員を受け入れるときの主なポイント」

いるため，組織の最小単位が「係」の場合，それよりも大きい「課」を単位とすることが一般的です。ただし，実態により判断する必要があり，小規模事業所においては，組織の最小単位と組織単位，事業所単位が一致することもあります）

＊例外として，期間制限の対象外となる人と業務は，次の通りです。
- 派遣元事業主で無期雇用されている派遣労働者
- 60歳以上の派遣労働者
- 有期プロジェクト業務（事業の開始，転換，拡大，縮小又は廃止のための業務であって一定期間内に完了するもの）
- 日数限定業務（1カ月間に行われる日数が通常の労働者に比べ相当程度少なく，かつ，月10日以下であるもの）
- 産前産後休業，育児休業・介護休業などを取得する労働者の業務

3. 出向とは？

出向には，在籍型出向（出向元との雇用契約関係はそのまま）と移籍型出向（出向元との雇用契約関係がなくなる）があります。ここでは，出向のほとんどのケースを占める，在籍型出向について記載します。

在籍型出向とは

出向元と出向先との出向契約により，出向元との雇用契約関係を維持したまま，出向先とも雇用契約を結び，出向先に一定期間継続して勤務することをいいます。

業として行われる労働者供給は職業安定法で禁止されていますが，以下の目的があるものなどは，基本的には業として行うものではないと判断されます。
(1) 労働者を離職させるのではなく，関係会社で雇用機会を確保する
(2) 経営指導，技術指導を実施する
(3) 職業能力開発の一環として行う
(4) 企業グループ内の人事交流の一環として行う

なお，「偽装出向」という言葉もありますので，慎重に対応したいとこ

ろです。

在籍型出向と労働者派遣の違い

在籍型出向は，出向先とも雇用契約関係があるため，労働者派遣には該当しません。

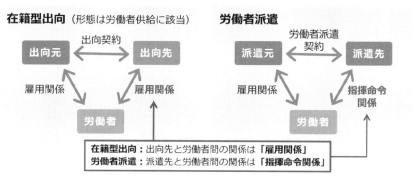

出典：厚生労働省「在籍型出向「基本がわかる」ハンドブック（第2版）」

■当事者間に必要となること

流れ	当 事 者	必要なこと	注 意 点
1	出向元と労働者	・就業規則の整備 ・労使の話し合い	業務の必要性・人選の合理性がないと権利濫用となり，出向命令が無効とされる可能性あり
2	出向元と出向先	出向契約の締結	
3	出向先と労働者	出向期間中の労働条件などの明確化	

■社会保険などの加入及び保険料の負担
（給与の支払がいずれになるかで通常は下記の通りになります）

給与の支払	社会保険などの加入及び保険料負担		
	社会保険	雇用保険	労　災
出 向 先	出向先　※1	出向先　※1	出向先
出 向 元	出向元	出向元	出向先　※2

※1　出向元で資格喪失手続き，出向先で資格取得手続きが必要です。

※2　出向元で支払われている賃金を，出向先で支払われている賃金に含めて計算します。

48

第4章

就業規則，36協定及び
その他の労使協定

就業規則の作成

労働基準法では，常時10名以上の労働者を使用する場合には就業規則を作成する義務があり，労働基準監督署に届出することとされています。

> 労働基準法（作成及び届出の義務）
> 第89条　常時10人以上の労働者を使用する使用者は，次に掲げる事項について就業規則を作成し，行政官庁に届け出なければならない。次に掲げる事項を変更した場合においても，同様とする。

このように聞くと「10名以上になるまでは作成の必要はない」と思われるかもしれませんが，結論的には従業員が10名未満でも就業規則を作成するよう推奨します。

例えば，入社直後からメンタルヘルス不調で欠勤が続く従業員がいた場合，休職を定めた就業規則が存在しなければ，会社としては今後どのような対応をすればよいのか見えないことから，従業員とトラブルになってしまう可能性があります。

また，就業規則を作成すると社内の服務規律なども定められます。

トラブル防止という観点だけではなく，より良い就業環境の実現や生産性向上のためにも，会社の就業ルールを早期に作成しておくことをお勧めいたします。

1. 就業規則が必要なケース

就業規則が必要となるのは，常時10名以上の従業員のいる事業所です。この「従業員」には契約社員やアルバイト，パート社員などの非正規労働者も含まれます。

また，就業規則は「事業所ごと」に作成しなければなりません。複数の営業所のある会社の場合，営業所ごとに就業規則を作成して労基署へ提出しなければならないので注意しましょう。

就業規則は作成だけではなく届出も必要です。届出を怠っていると法律違反状態になってしまうので，就業規則を作成したら早めに労基署へ提出しましょう。

2. 就業規則の制定

就業規則は雇用形態別に作成する必要があります。以下で組織の状態に応じて具体的にどういった就業規則が必要となるのか，整理しておきます。

> 例）正社員・・・就業規則，給与規程
> 契約社員・・・契約社員就業規則，契約社員給与規程
> アルバイト・・アルバイト就業規則（給与に関する規定は包括）

上記雇用形態の従業員がすべて在籍している場合，適用される規則の内容が異なるため，少なくとも5規程が必要である，ということになります。この5規程の他には，育児介護休業規程を作成するのが通常です。

（1）就業規則に定める絶対的必要記載事項

就業規則には必ず書かなければならない「絶対的必要記載事項」があります。

■就業規則の絶対的必要記載事項

①労働時間関係	始業及び終業の時刻，休憩時間，休日，休暇
②賃金関係	賃金の決定，計算及び支払の方法，賃金の締切り及び支払の時期並びに昇給に関する事項
③退職関係	退職に関する事項（解雇の事由を含みます）

（2）就業規則に定める相対的必要記載事項

　相対的必要記載事項は，該当する制度がある場合に記載しなければならない内容です。

　■就業規則の相対的必要記載事項

①退職手当関係	適用される労働者の範囲，退職手当の決定，計算及び支払の方法並びに退職手当の支払の時期に関する事項
②臨時の賃金・最低賃金額関係	臨時の賃金など（退職手当を除きます）及び最低賃金額に関する事項
③費用負担関係	労働者に食費，作業用品その他の負担をさせることに関する事項
④安全衛生関係	安全及び衛生に関する事項
⑤職業訓練関係	職業訓練に関する事項
⑥災害補償・業務外の傷病扶助関係	災害補償及び業務外の傷病扶助に関する事項
⑦表彰・制裁関係	表彰及び制裁の種類及び程度に関する事項
⑧その他，すべての労働者に適用される事項	例えば「休職」に関する規定など

（3）就業規則に定める任意的記載事項

　任意的記載事項は，記載が必要なわけではなく，各社が任意で書き込む事項です。例えば服務規律などは任意的記載事項として就業規則に書き込んでかまいません。

3. 就業規則作成の手順

就業規則の作成は以下のような手順となります。

①就業規則を作成・変更する	まずは就業規則の作成や変更を行いましょう。法律上必要とされる記載事項に漏れがないようにしつつ，会社の実情に合った内容のものを作成する必要があります。
↓	
②従業員代表の意見を聞く	就業規則を作成する際には，労働者側の意見を聞いて意見書を作成しなければなりません。労働者の過半数を代表する労働者や過半数が参加する労働組合と協議しましょう。なお，合意までできなくても意見を聞けば要件を満たします。　　　　　（→→意見書例）
↓	
③労働基準監督署へ届け出る	就業規則と意見書が揃ったら，労働基準監督署へ速やかに届け出ましょう。
↓	
④全従業員へ「周知」する	就業規則は全従業員へ周知しなければなりません。全従業員がアクセス可能なイントラネットへ掲載する方法が一般的です。もちろん書面にて周知してもかまいません。

ひな形をそのまま適用する危険性

就業規則には「モデル就業規則」などのひな形があります。書式やひな形を利用すると手軽に就業規則を作成できて便利ですが，そのまま適用するのはお勧めしません。就業規則は各社の状況やニーズを反映したものとすべきだからです。ひな形の就業規則をそのまま適用しても，紛争を適切に予防できない可能性があります。モデル就業規則などを参考にしながらも，自社のニーズに合うオリジナルなものを作成しましょう。

自社では対応が難しい場合，法律書面作成の専門家に相談すると良いでしょう。

意　見　書

令和○○年○月○日

○○株式会社
代表取締役　甲野　一郎　殿

令和○○年○月○日付をもって意見を求められた就業規則案
について，下記のとおり意見を提出します。

記

原則として賛成しますが，下記の事項については，今後検討
願います。

(1) 第○条の勤務時間については，……………………。
(2) 第○条の年次有給休暇については，………………。

労働者の過半数
を代表する者の　　　　職名　営業主任
　　　　　　　　　　　氏名　川崎　太郎　　印

労働者の過半数を代表する者の選出方法　（ 投票による選挙 ）

意　見　書

株式会社　○○○○
代表取締役　○○　○○　殿

令和5年4月○日

令和5年4月○日付をもって意見を求められた就業規
則案について，下記のとおり意見を提出します。

記

特に意見はありません

所属　一般社員
従業員代表　●●　●●　印

労働者の過半数を代表する者の選出方法
（ 立候補後，過半数信任 ）

4. 就業規則の不利益変更について

　就業規則は雇用者の都合で一方的に従業員に不利益に変更できません。ただし就業規則の変更に合理性が認められる場合，不利益変更できる可能性があります。

　いずれにせよ，従業員側に不利益となる変更を強行すると，トラブルになる可能性も高まるでしょう。労働者側と十分に協議を行った上で対応を進める必要があります。

♣ここが実務上のポイント♣

　最近では特に従業員がメンタル疾患に罹患するケースがあり，苦慮する企業も増えています。従業員数が少なくても，休職の規定を含めた就業規則自体を作成されることをお勧めします。

　また，最近のスタートアップ企業では最初から一定数の残業代を込みにする定額残業代制度（みなし残業制度）を導入しているケースが多数みられます。その場合，就業規則の一部である給与規程の中に残業代を何時間分込みにするのか，一定数の残業時間を超えたらその差額を支払う旨をきちんと明記しておかねばなりません。込みにするのは，固定のキリの良い金額（例えば5万円など）でも法的には問題ないのですが，管理のしやすさや労働者側からみたわかりやすさを重視すると，「残業時間数」をベースにして金額を設定することが望ましいでしょう。

　就業規則を一通り作成した後は，労働契約書，内定通知書，誓約書などの各書式についても整合性がとれるように整備しておくことが必要です。よくそれぞれバラバラで整合性がないものも見受けられるため，ちょっとしたことで労使トラブルにならないよう細かいところを確認しておきたいところです。

36協定は必ず締結しましょう

<ruby>36<rt>サブロク</rt></ruby>協定は必ず締結しましょう

　労働基準法では，原則1日8時間・1週40時間の法定労働時間を超えて労働させることを禁止しています。また，休日は少なくとも週1日と定められており，法定時間外労働や休日出勤をさせるためには，従業員代表との間で36協定を締結し，労働基準監督署へ届出をしなければいけません。締結及び届出をすることなく従業員に法定時間外労働や休日出勤をさせた場合は，法律違反になります。

　36協定の対象期間の初日が起算となりますが，その起算日は，暦年・年度・決算月など自由に設定できます。ただし，残業の上限規制管理の起算日にもなるため，原則として変更できません。自社で管理しやすい起算日を検討し，決定してください。なお，対象期間は1年間に限られています。

♣ここが実務上のポイント♣

　36協定は，IPOを目指すスタートアップ企業にとっては最も重要な書類です。残業時間，法定休日労働時間や法定休日労働の回数などが記載されていますが，ここをいかに遵守していくかがポイントになります。特別条項を付けている場合は，その発動手続きについても主幹事証券会社に説明できるようにしておく必要があります。

　また，IPO前には労働法関係の労務DD（労務デューデリジェンス）にも対応することがありますが，労務DDを担当する者が最優先に確認するのが36協定の遵守状況となっています。36協定が遵守されていないと，労務に関するコンプライアンス意識が欠如しているものとして上場審査が止まることも十分あり得ますので，日頃から残業時間についての管理を徹底することが求められます。

様式第9号の2（第16条第1項関係）

事業の種類	事業の名称
○○業	○○株式会社

		時間外労働をさせる 必要のある具体的事由	業務の種類	労働者数 （満18歳 以上の者
時間外労働	① 下記②に該当しない労働者	アプリケーションシステムの設計、システム稼働後の問題点の発見・解決のための改善等の繁忙	エンジニア （フレックスタイム制）	○人
		臨時の顧客対応、書類作成	営業 （フレックスタイム制）	○人
		臨時の社内対応、書類作成	コーポレート （フレックスタイム制）	○人
		臨時の顧客対応、書類作成	営業事務	○人
	② 1年単位の変形労働時間制により労働する労働者			
	休日労働をさせる必要のある具体的事由		業務の種類	労働者数 （満18歳 以上の者
休日労働	アプリケーションシステムの設計、システム稼働後の問題点の発見・解決のための改善点等の繁忙		エンジニア （フレックスタイム制）	○人
	臨時の顧客対応、書類作成		営業 （フレックスタイム制）	○人
	臨時の社内対応、書類作成		コーポレート （フレックスタイム制）	○人
	臨時の顧客対応、書類作成		営業事務	○人

上記で定める時間数にかかわらず、時間外労働及び休日労働を合算した時間数は、1箇月について10

58

労働保険番号	□□□□□□□□□□□□□□□□□□□□□□□
法人番号	□□□□□□□□□□□□□

る協定届

労働保険番号：都道府県／所掌／管轄／基幹番号／枝番号／被一括事業場番号

事業の所在地（電話番号）	協定の有効期間
〒　－　） （電話番号：　－　－　）	令和5年4月1日から1年間

	延長することができる時間数					
定労働時間 （1日） （任意）	1日		1箇月（①については45時間まで、 ②については42時間まで）		1年（①については360時間まで、 ②については320時間まで）	
					起算日 （年月日）　令和5年4月1日	
	法定労働時間を 超える時間数	所定労働時間を 超える時間数 （任意）	法定労働時間を 超える時間数	所定労働時間を 超える時間数 （任意）	法定労働時間を 超える時間数	所定労働時間を 超える時間数 （任意）
フレックス イムによる	－		45時間		360時間	
同上	同上		同上		同上	
同上	同上		同上		同上	
8時間	15時間		同上		同上	

所定休日 （任意）	労働させることができる 法定休日の日数	労働させることができる法定 休日における始業及び終業の時刻
土日、年末年始、その他会社が定める日	1ヶ月に2回	0：00〜23：59
同上	同上	同上
同上	同上	同上
同上	同上	同上

間未満でなければならず、かつ2箇月から6箇月までを平均して80時間を超過しないこと。　☑

（チェックボックスに要チェック）

様式第9号の2（第16条第1項関係）

臨時的に限度時間を超えて労働させることができる場合	業務の種類	労働者数 （満18歳 以上の者）	1日 （任意） 延長することができる 法定労働時間を 超える時間数	所定労 超え （
システムトラブル、新技術の開発・導入	エンジニア （フレックスタイム制）	○人	－	
大規模なクレームへの対応	営業 （フレックスタイム制）	○人	同上	
大幅な業務計画の変更、予算決算業務	コーポレート （フレックスタイム制）	○人	同上	
大規模なクレームへの対応、大幅な業務計画の変更	営業事務	○人	15時間	

限度時間を超えて労働させる場合における手続	所属長・対象従業員への通告
限度時間を超えて労働させる労働者に対する健康及び 福祉を確保するための措置	（該当する番号） ⑥・⑩	（具体的内容） ⑥　年次有給休暇についてまと ⑩　職場での定例会議による時

上記で定める時間数にかかわらず、時間外労働及び休日労働を合算した時間数は、1箇月について10

協定の成立年月日　　　　　　年　　　　月　　　　　　日

協定の当事者である労働組合（事業場の労働者の過半数で組織する労働組合）の名称又は労働者の過半数を代表

協定の当事者（労働者の過半数を代表する者の場合）の選出方法（

　上記協定の当事者である労働組合が事業場の全ての労働者の過半数で組織する労働組合である又は上記協定の

　上記労働者の過半数を代表する者が、労働基準法第41条第2号に規定する監督又は管理の地位にある者でなく

手続により選出された者であつて使用者の意向に基づき選出されたものでないこと。☑（チェックボックスに要

　　　　　　　　　　年　　　　月　　　　　　日

　　　　　　　　　　労働基準監督署長殿

…届（特別条項）

（数…間を…間数）	延長することができる時間数及び休日労働の時間数				1箇月 （時間外労働及び休日労働を合算した時間数。100時間未満に限る。）	1年 （時間外労働のみの時間数。720時間以内に限る。）			
							起算日 （年月日）	令和5年4月1日	
		延長することができる時間数及び休日労働の時間数				延長することができる時間数			
限度時間を超えて労働させることができる回数（6回以内に限る。）	法定労働時間を超える時間数と休日労働の時間数を合算した時間数	所定労働時間を超える時間数と休日労働の時間数を合算した時間数（任意）		限度時間を超えた労働に係る割増賃金率		法定労働時間を超える時間数	所定労働時間を超える時間数（任意）	限度時間を超えた労働に係る割増賃金率	
6回	60時間			25%		630時間		25%	
同上	同上			同上		同上		同上	
同上	同上			同上		同上		同上	
同上	同上			同上		同上		同上	

…った日数連続して取得することを含めてその取得を促進すること
…労働削減のための検討を行う。

…間未満でなければならず、かつ2箇月から6箇月までを平均して80時間を超過しないこと。☑

（チェックボックスに要チェック）

…る者の　職名
　　　　　氏名
　　　　　　　）

…者である労働者の過半数を代表する者が事業場の全ての労働者の過半数を代表する者であること。☑
（チェックボックスに要チェック）

…かつ、同法に規定する協定等をする者を選出することを明らかにして実施される投票、挙手等の方法による
…ェック）

…用者　職名
　　　　氏名

1. 法律による残業の上限規制

残業の上限規制（対象期間において管理する残業時間）は次の通りです。

■法律による残業の上限規制

	年間の上限	月間の上限
① 原　則	年360時間	月45時間
② 特別条項 （年6カ月まで）	年720時間	月100時間未満 （休日労働含む） ＊複数月（2〜6カ月）平均80時間以内 （休日労働含む）

● 労働させることができる法定休日の日数について，週1回の法定休日について協定することなく労働させた場合には違法となります。ただし，毎回出勤させる可能性があることを想定し月4回として届出を行う考え方もありますが，長時間労働を抑制する観点からは，必要がないのであれば0回，多くとも月2回程度とするような実態に応じた検討を推奨します。

● 36協定の限度時間や労災との関連を考慮すると，どうしても80時間以上としなければいけない場合を除き，特別条項に定める限度時間は80時間未満とする方針を推奨します。なお，協定上過少に届出を行っていながら，実態が伴っていない長時間労働を行わせるほうが問題ですので，注意しましょう。

● 例えば特別条項に定める限度時間を75時間とした場合，勤怠の締日後に確認した結果，協定した75時間の限度時間を超えていたという違反事象が起こらないよう，例えば70時間を超えた日以後の時間外労働は行わせないといった管理体制を，各部門の管理者と認識を共有した上で構築することを推奨します。

2. 締結当事者である従業員代表の選出方法

　会社が指名した従業員と締結した36協定は無効ですので，民主的な手続きにより選出する必要があり，プロセスが重要となります。

■適切な選出手順（例）

①社内から立候補者を募る	イントラネットの利用，メールなどで発信，全従業員（アルバイト含）が揃う朝礼など。　　（➡➡文面例①） 　※管理監督者は立候補できません。
②候補者の信任・不信任を確認	□全従業員（アルバイト含）の過半数の信任をもって選任します。　　（➡➡文面例②） □「未回答の場合は信任」といった手法は好ましくありませんので，全従業員から明確な回答を得ることを推奨します。 　※事業場に使用されているすべての労働者の過半数の意思表示を確認するものであるため，立候補ができない管理監督者についても信任の意思表示は必要です。
③結果を全従業員に周知する	□「私は従業員代表を知りません」という従業員がいない状態にします。　　（➡➡文面例③）

●年●月●日

従業員過半数代表の選任・立候補の受付について

　36協定の締結にあたり，従業員の過半数を代表する方を選出する必要があります。立候補を受け付けますので，希望される従業員は●年●月●日●時までに，人事総務部までメールにてご連絡ください。

　立候補者の確認をした上で，●月●日以降，全従業員を対象に候補者を過半数代表者とすることについての信任・不信任の確認を行う予定です。

〈注意事項〉
・当社執行役員以上（管理監督者待遇）の役職は立候補できません。
・アルバイト，パートタイマーであっても立候補できます。
・立候補者がいない場合は，会社が候補者を推薦します。

●年●月●日

従業員過半数代表の選任について

●年●月●日付で従業員代表の立候補を募りました結果，「○○○○」さんが立候補されましたので，選任手続きを行います。

〈選任方法〉

「信任」または「不信任」の旨を●月●日●時までに人事総務部までメールにてご回答ください。結果は●月●日に発表します。

〈注意事項〉

・当社執行役員以上（管理監督者待遇）の役職者，アルバイトを含む全従業員にご回答いただきます。

・不信任のご連絡をいただいた方が，立候補者に通知されることはありません。

［文面例③］

従業員過半数代表の選任結果について

先日実施した信任・不信任投票の結果，「○○ ○○」さんが従業員過半数代表者として選出されました。今後「○○ ○○」さんが労使協定の締結当事者となります。

不明点などございましたら，人事総務部までお問い合わせください。

見落としがちな労使協定

その他，スタートアップ企業において締結漏れが多くみられる労使協定は次の通りです。

1. 一斉休憩の適用除外に関する協定
2. 賃金控除に関する協定
3. 育児・介護などに関する協定

1. 一斉休憩の適用除外に関する協定

従業員が一斉に休憩ができないときは労使協定が必要です。

スタートアップ・ベンチャー企業において締結漏れがよくみられる協定です。

上場企業が採用しているような一斉休憩（例：12時から13時が全社員の休憩時間と定められている）を適用できない場合に，それ自体は否定されるものではありませんが，一方で労働時間に応じて休憩時間を確実に与えることは事業主の責務であり，法律上当然に定められていることから，従業員に一定の時間帯で休憩させることができない場合は，次のような労使協定を締結しておく必要があります。

なお，官公庁や旅客，運送業など，一斉に休憩を与えることで利用者に生活上の不便が生じる業種については協定の締結は不要です。

（➜➜協定書例①）

一斉休憩の適用除外に関する労使協定書（例）

　株式会社●●（以下，「会社」という）と，従業員の過半数を代表する者●●（以下「従業員代表」という）は，労働基準法第34条第2項ただし書きに基づき，一斉休憩の適用除外に関し，以下のとおり協定する。

第1条（適用対象者）

　本協定は，全従業員に適用する。

第2条（休憩付与の方法）

　従業員は，業務の進行状況等を鑑み，各自の判断において適当と思われる時刻に継続または分割した60分間の休憩を，勤務時間の途中に取得するものとする。

第3条（協定の有効期間）

　本協定の有効期間は，令和●年●月●日より1年間とする。ただし，有効期間満了の1カ月前までに，会社，従業員代表のいずれからも申し出がないときには，更に1年間有効期間を延長するものとし，以降も同様とする。

令和●年●月●日

株式会社●●

　　代表取締役　●●　●●　　㊞

　　従業員代表　●●　●●　　㊞

2. 賃金控除に関する労使協定

　スタートアップ・ベンチャー企業において締結漏れがよくみられる協定です。

　労働基準法24条において，賃金の全額払いが定められています。これは賃金が聖域であることを示したものです。原則として，たとえ数百円であろうと，社員旅行の積立金や，親睦会積立金などを徴収する場合には，賃金が本人に渡った後に本人の意思により徴収しなければいけません。

　また，社宅費などについても，本人から賃金からの控除の同意を得ていようと，労使協定を締結しないまま控除してしまうのはＮＧです。

（➡➡協定書例②）

3. 育児・介護などに関する協定

　2022年10月１日から法改正により，出生時育児休業が施行されました。従来の育児休業について入社１年未満の従業員からの申出を拒む協定を結んでいる場合においても，出生時育児休業の申出について拒むか否かを改めて協定する必要があります。

　また，出生時育児休業中の就業を認める場合についても協定に盛り込むことが必要となります。

　なお，この労使協定を締結していない場合には，申出を拒むことはできません。

（➡➡協定書例③）

賃金控除に関する協定（例）

　株式会社●●と従業員の過半数を代表する者●●（以下「従業員代表」という）は，労働基準法第24条第1項但書に基づき，従業員の賃金の一部控除に関し，以下のとおり協定する。

第1条（控除の対象）

　会社は，毎月●日の支払の給与より，以下に掲げるものを控除することができる。

(1) 社宅家賃

(2) 会社立替金

(3) その他社員本人が個別に同意したもの

第2条（協議事項）

　本協定に基づく賃金控除の取り扱いに関し，運用上の疑義が生じた場合には，その都度会社と従業員代表で対応を協議し，決定する。

第3条（協定の有効期間）

　本協定の有効期間は，令和●年●月●日より令和●年●月●日までの1年間とし，会社，従業員代表に異議のない場合には，1年間延長するものとする。また，それ以降についても同じ取り扱いとする。

令和●年●月●日

株式会社●●

　代表取締役　●●　●●　　㊞

　従業員代表　●●　●●　　㊞

育児・介護休業等に関する労使協定 (例)

　●●株式会社と従業員代表●●は，●●株式会社における育児・介護休業等に関し，次のとおり協定する。

（育児休業の申出を拒むことができる従業員）
第1条　事業所長は，次の従業員から1歳（法定要件に該当する場合は1歳6カ月又は2歳）に満たない子を養育するための育児休業の申出があったときは，その申出を拒むことができるものとする。
　一　入社1年未満の従業員
　二　申出の日から1年（法第5条第3項及び第4項の申出にあっては6カ月）以内に雇用関係が終了することが明らかな従業員
　三　1週間の所定労働日数が2日以下の従業員

2　事業所長は，次の従業員から出生時育児休業の申出があったときは，その申出を拒むことができるものとする。
　一　入社1年未満の従業員
　二　申出の日から8週間以内に雇用関係が終了することが明らかな従業員
　三　1週間の所定労働日数が2日以下の従業員

（介護休業の申出を拒むことができる従業員）
第2条　事業所長は，次の従業員から介護休業の申出があったときは，その申出を拒むことができるものとする。
　一　入社1年未満の従業員
　二　申出の日から93日以内に雇用関係が終了することが明らかな従業員
　三　1週間の所定労働日数が2日以下の従業員

（子の看護休暇の申出を拒むことができる従業員）

第3条　事業所長は，次の従業員から子の看護休暇の申出があった
　　ときは，その申出を拒むことができるものとする。

　　　一　入社6カ月未満の従業員

　　　二　1週間の所定労働日数が2日以下の従業員

（介護休暇の申出を拒むことができる従業員）

第4条　事業所長は，次の従業員から介護休暇の申出があったとき
　　は，その申出を拒むことができるものとする。

　　　一　入社6カ月未満の従業員

　　　二　1週間の所定労働日数が2日以下の従業員

（育児・介護のための所定外労働の制限の請求を拒むことができる従業員）

第5条　事業所長は，次の従業員から所定外労働の制限の請求が
　　あったときは，その請求を拒むことができるものとする。

　　　一　入社1年未満の従業員

　　　二　1週間の所定労働日数が2日以下の従業員

（育児短時間勤務の申出を拒むことができる従業員）

第6条　事業所長は，次の従業員から育児短時間勤務の申出があっ
　　たときは，その申出を拒むことができるものとする。

　　　一　入社1年未満の従業員

　　　二　1週間の所定労働日数が2日以下の従業員

（介護短時間勤務の申出を拒むことができる従業員）

第7条　事業所長は，次の従業員から介護短時間勤務の申出があっ
　　たときは，その申出を拒むことができるものとする。

　　　一　入社1年未満の従業員

　　　二　1週間の所定労働日数が2日以下の従業員

（従業員への通知）
第8条　事業所長は，第1条から第7条までのいずれかの規定により従業員の申出を拒むときは，その旨を従業員に通知するものとする。

（出生時育児休業中の就業）
第9条　出生時育児休業中の就業を希望する従業員は，就業可能日等を申出ることができるものとする。

（有効期間）
第10条　本協定の有効期間は，令和●年●月●日から令和●年●月●日までとする。ただし，有効期間満了の1カ月前までに，会社，従業員代表，いずれからも申出がないときには，更に1年間有効期間を延長するものとし，以降も同様とする。

令和●年●月●日

株式会社●●

代表取締役　●●　●●　㊞

従業員代表　●●　●●　㊞

第5章
労働時間, 休日, 休暇, 安全衛生
スタートアップで意識したいポイント

労働時間とは

労働時間・・・・労働者が使用者の指揮命令下におかれている時間と
　　　　　　　　されています。

法定労働時間・・労働基準法が定める労働時間の基本的な上限です。
　　　　　　　　1週間40時間，1日8時間とされています。

所定労働時間・・上記労働時間以内で会社が決める原則的な「労働時
　　　　　　　　間」です。例えば1週間35時間，1日7時間など法定
　　　　　　　　労働時間以内であれば会社が自由に決定できます。

法定時間外労働時間・・・法定労働時間（1週間40時間，1日8時間）
　　　　　　　　　　　　を超える労働時間をいいます。

法定内時間外労働時間・・所定労働時間を超え，法定労働時間以内ま
　　　　　　　　　　　　での労働時間です。

労働基準法（労働時間）

第32条　使用者は，労働者に，休憩時間を除き1週間について40
　　　　時間を超えて，労働させてはならない。

　2　使用者は，1週間の各日については，労働者に，休憩時間を
　　　除き1日について8時間を超えて，労働させてはならない。

　労働時間に対しては，雇用者は従業員へ給与を支払わねばなりません。一方，労働時間でなければ給与を払う必要はありません。

　具体的に労働時間をどのように解釈・判断すべきかについては，専門知識がないと判断に迷う部分も多々あります。

　以下，労働時間に該当するかどうかについて，よくお問合せをいただくケースについてあげておりますので，ご参考になさってください。

1. 労働時間に該当するケース

昼休みの電話・来客当番	「手待時間」と呼ばれる時間です。会社から指示があればただちに仕事ができる態勢で待機している状態である場合，休憩時間ではなく労働時間として扱う必要があります。
社内研修会	自由任意参加の自己研鑽のための研修会と社内で称していても，実態が職務内容に関わるものであり，参加しないと労働契約の本旨に従う業務が実施できないといった場合には，出席が強制されているとみられ，労働時間として扱う必要があります。
社外研修会	休日に参加するように指示し，後日レポートを提出させるなど，実質的には業務指示である場合，労働時間として扱う必要があります。

2. 労働時間に該当しないケース

出張・直行直帰時の移動時間	公共交通機関による移動について，本人の行動が自由であれば該当しません。 　例外：移動時間中に資料作成を命令している場合は労働時間となります。 　　　：荷物の運搬及び監視を命じているような場合は労働時間となります。 適正に労働時間を把握するには，作業時間を申告させるといったルール作りが必要です。
出張中の休日	・出張先から休日に自宅まで移動する場合であっても，本人の行動が自由であれば労働時間に該当しません。 ・遠方に出張するため，仕事がある日の前日に当たる休日に，自宅から直接出張先に移動して前泊する場合の移動時間は，労働時間に該当しません。そのために出張手当を支給するケースがあります。

✕ 英会話講習	会社が外国人講師を就業時間外に呼び，業務に関係性のない英会話講習を任意参加で行う場合は，労働時間に該当しません。
✕ テレワーク労働者の移動時間	テレワーク労働者に対して，会社が移動することを命令しておらず，労働者自らの都合で就業場所を移動し，自由時間が保障されている場合は労働時間に該当せず，休憩時間となります。 労働時間に該当するか否かは，強制の有無や行動の自由の有無が判断の基準となります。
✕ 接　　待	取引先の方を，「懇親を深める」といった目的で自主的に飲食を伴う接待に招待することもあるかと思われます。業務との関連性が不明である接待にかかる時間は，原則として労働時間には該当しません。「接待にかかる費用を会社が会議費として経費処理するのであれば，会社が業務として認めているのではないか？」との主張が行われるケースもありますが，会社の会議費処理の運用方法の問題に過ぎませんので，別の論点となります。休日のゴルフ接待も同様です。こういった時間は業務性が低いため，原則として労働時間には該当しません。 　例外：会社からの特命によって，当初より商談を主な目的として飲食，ゴルフ接待などを行わせるのであれば，業務性が高くなるため労働時間として扱う必要があります。給与規程の内容に従い割増賃金が必要な場合は，割増賃金を支払う必要があります。

労働時間と時間外労働について

　労働基準法では，時間外労働させた場合に割増賃金を払うよう規定されています。割増賃金率は以下のとおりです。

時間外労働	割増賃金率
①１カ月に60時間以内の時間外労働	25％以上
②１カ月に60時間を超える時間外労働	50％以上
③深夜労働（午後10時から翌朝５時までの労働）	25％以上
④休日労働	35％以上

　従前の規定では中小企業には②の規定の適用が猶予されていましたが，2023年４月からは中小企業にもこれが適用されるようになっています。

　割増賃金を含めた未払い残業代が発生すると従業員との間で大きなトラブルになってしまうので，残業代は必ず適正に支払いをしましょう。

1. 労働時間の上限と36協定

　労働基準法では１日８時間，１週間に40時間の基本の法定労働時間の上限が定められています。ただ現実には，この時間内にすべての作業を行うのが難しいケースもあるでしょう。

　そこで労使協定を締結することにより，上記法定労働時間を超えて労働者を働かせることが可能とされています。労働基準法第36条に規定されていることから，この労使協定を「36協定（サブロク協定）」といいます。

　ただし，36協定を締結しても，労働時間に上限はあります。

> 36協定の労働時間の上限···月45時間，年360時間が基本

　臨時の特別の事情がない限り，この上限を超えることはできません。

特別条項を入れる場合の注意

特別な事情があって労使が合意する場合には，特別条項を入れて上記の上限以上に労働させることができます。

ただし特別条項を入れる場合でも，以下が上限となるので注意が必要です。

- 時間外労働は年720時間以内
- 時間外労働と休日労働を合わせて月100時間未満
- 時間外労働と休日労働を合わせて2〜6カ月間の平均が80時間以内

36協定を締結しないまま従業員に時間外労働をさせていると，罰則が適用される可能性があります。36協定の特別条項に違反して上限を超えて働かせた場合も同様です。

罰則の内容は，6カ月以下の懲役または30万円以下の罰金刑となります。

2. 労働関係法令は改正が多い

近年では労働関係法令が頻繁に改正されており，各社に適切な対応が迫られています。中小企業にも50％の割増賃金が適用されるようになり（月60時間を超える場合），未払い賃金請求の時効期間が従来の2年から3年へ延長されるなど，各社にとっては労働時間を適正に把握する体制を整える必要性が増している状況といえるでしょう。

自社のみで対応が難しい場合には，社会保険労務士などの専門家に相談してみるようお勧めします。

休日と休暇

休　日‥「法定休日」（労働基準法で規定する毎週少なくとも１日の休日）と
　　　　「所定休日」（法定休日以外の休日）
休　暇‥労働者の請求により労働義務が免除される日

1. 休　日

　実務上は例えば就業規則に次のとおり規定されますが，休日には法定
休日と所定休日があり，意味には違いがあります。

> 規定例）休日
> 　休日は，原則として次のとおりとする。
> 　⑴ 土曜日，日曜日，国民の祝日に関する法律に定められた休日
> 　⑵ 年末年始休日（原則として12月29日〜１月３日）

法定休日　労働基準法第35条で規定されている，使用者が労働者に必
　　　　　ず与えなければならない休日のこと
・労基法上の義務——毎週少なくとも１日の休日を与えなければならない。
・法律上は特定の曜日（例：日曜日）を法定休日と定める必要は必ずし
　もない。
・法定休日に出勤した場合の割増賃金の割増率は1.35。

所定休日　法定休日以外の休日のこと
　労働基準法は週に少なくとも１日の休日を与えることを義務付けて
いますが，大多数の企業が，これを上回る休日を付与しています。週
に１回の法定休日を日曜日とすると，土曜日，祝日についても就業規
則などにより休日としている場合は，これらを所定休日といいます。
所定休日を「法定外休日」と呼ぶこともあります。

給与計算を簡便に行うために――法定休日の特定を！

　特定の曜日を法定休日と定める必要はありませんが，各週において1.35で計算すべき法定休日の有無を逐一確認するとなると工数がかかり，見落としが発生するリスクもあるため，あえて日曜日を法定休日と定め，日曜日に出勤した場合は1.35の割増率で賃金を計算し，1カ月60時間の時間外労働時間の算定には含めないと整理してしまう方法もあります。この場合，週1日の法定休日が確保できている場合には過払いとなりますが，自動的に日曜出勤分を割増計算することになりますので，法定休日出勤分の一部未払いを指摘されることはなく，従業員にも有利に働く計算方法になります。

2. 休　暇

　労働義務がある日について，労働者の請求により労働義務が免除される日のことを指し，最も馴染みのある休暇は年次有給休暇です。

　法律で義務付けている休暇以外にも，会社が就業規則，労働契約に基づき独自の休暇を定めることもできます。

　以下の休暇を導入している企業がよくみられます。

■特別休暇の例

休　暇　名		休暇の目的・取得期限など
入社時特別休暇	●日	法定有休付与までに欠勤した場合に付与するため，入社日より6カ月以内に取得
結婚休暇	●日	入籍日または結婚式より6カ月以内に取得
妻の出産休暇	●日	出産予定日または出産日前後に取得
忌引休暇	●日	・配偶者，父母，子女　　5日 ・祖父母，兄弟姉妹　　　1日　　など
夏季リフレッシュ休暇	●日	毎年5月末に在籍する社員を対象に，7月〜9月の間で取得

（1）法定の有給休暇５日取得義務と特別休暇との関連に注意！

　年次有給休暇を10日以上付与する場合には，労働基準法により１年以内に５日以上取得させる義務があります。

　当初から一度に特別休暇を設け過ぎてしまうと，特別休暇の取得が優先され年次有給休暇を消化する前に１年を迎えてしまう場合があります。この事象を解消するために特別休暇を廃止したり日数を減らしたりすることは不利益変更となりますので，自社の就業環境に照らして，慎重に設けていくことを推奨します。

要注意!!

厚生労働省「年５日の年次有給休暇の確実な取得　わかりやすい解説」より

Q　法定の年次有給休暇に加えて，会社独自に法定外の有給の特別休暇を設けている場合には，その取得日数を５日から控除することはできますか。

A　法定の年次有給休暇とは別に設けられた特別休暇（たとえば，労働基準法第115条の時効が経過した後においても，取得の事由及び時季を限定せず，法定の年次有給休暇日数を引き続き取得可能としている場合のように，法定の年次有給休暇日数を上乗せするものとして付与されるものを除く。以下同じ。）を取得した日数分については，控除することはできません。なお，当該特別休暇について，今回の改正を契機に廃止し，年次有給休暇に振り替えることは，法改正の趣旨に沿わないものであるとともに，労働者と合意をすることなく就業規則を変更することにより特別休暇を年次有給休暇に振り替えた後の要件・効果が労働者にとって不利益と認められる場合は，就業規則の不利益変更法理に照らして合理的なものである必要があります。

（2）年次有給休暇の付与日数

　6カ月以上継続して勤務した場合には，以下の表のとおり有給休暇を付与する必要があります。アルバイトへの比例付与が行われていないケースが散見されますので，確実に付与することが必要です。

例）正社員に付与する場合

勤続年数	6カ月	1年6カ月	2年6カ月	3年6カ月	4年6カ月	5年6カ月	6年6カ月
付与日数	10日	11日	12日	14日	16日	18日	20日

例）週の所定労働時間が短いアルバイトなどに付与する場合

週の所定労働時間	週の所定労働日数	1年間の所定労働日数（週以外の期間によって定めている場合）	勤続年数に応じた年次有給休暇の日数						
			6カ月	1年6カ月	2年6カ月	3年6カ月	4年6カ月	5年6カ月	6年6カ月
30時間以上			10日	11日	12日	14日	16日	18日	20日
30時間未満	5日	217日以上							
	4日	169～216日	7日	8日	9日	10日	12日	13日	15日
	3日	121～168日	5日	6日	6日	8日	9日	10日	11日
	2日	73～120日	3日	4日	4日	5日	6日	6日	7日
	1日	48～72日	1日	2日	2日	2日	3日	3日	3日

（3）年5日取得義務について

　有給休暇管理簿を作成し，年10日以上付与した日から，次回11日を付与する日までに，年5日取得させる義務がありますので，取得していない社員に対しては，最終的には会社から時季を指定してでも取得させる必要があります。

　なお，有給休暇管理簿は3年間の保管義務がありますので，個人別に，容易に作成が行える勤怠管理システムの導入をお勧めします。

　有給休暇の時間単位の取得は年5日の取得義務に含まれず，管理も煩雑になるため，起業したてのスタートアップ企業にはお勧めいたしません。

振替休日と代休

実は実務上,「振替休日」と「代休」の運用は最も難しいものとされています。両者の相違は明確にあるのですが,このあたりをあまり意識されずに独自の解釈で運用している企業が多いと感じます。

> 振替休日・・・あらかじめ休日と定められていた日を労働日とし,
> 　　　　　　その代わりに他の労働日を休日とすること
> 代　　休・・・休日出勤した後に,会社がその代償として後日,
> 　　　　　　労働日を休日とすること

1. 振替休日

ポイント
- ・就業規則に規定すること
- ・必ず暦日で与えること（半日単位,時間単位は法違反）
- ・週の起算日は土曜日と定めておくと週休2日を確保しやすい

＊週の起算日を土曜日推奨とする理由

例）土曜起算日の場合

土	日	月	火	水	木	金
休	休→8h労働	調整可	調整可	調整可	調整可	調整可

あらかじめ日曜日に出勤することがわかっている場合,土曜起算と定めておくと月曜日から金曜日までの間で2日目の休日を調整できる。

例）日曜起算日の場合

日	月	火	水	木	金	土
休	出　勤	出　勤	出　勤	出　勤	出　勤	休→出勤 調整不可

就業規則に週の起算日について定めがない場合は,日曜起算となり,土曜日に出勤することが前日の金曜日に決まってしまった場合に,振り

替える曜日が残っていません。この場合には週40時間を超過した土曜出勤時間分が割増計算となりますので、こうした事態を避けるためにも、土曜日を週の起算日とすることを検討しておきたいところです。

2. 代 休

ポイント

・就業規則に規定することが望ましい。
・休日出勤した事実は消えないので、割増率を上乗せして支払う必要があります。
・代休は与えても与えなくても構いませんが、通常与える場合は欠勤及び控除対象となりますので、賃金の支払いについて就業規則などに定めておく必要があります。

日	月	火	水	木	金	土
法定休日	労働日	労働日	労働日	労働日	労働日	休日

日	月	火	水	木	金	土
労働	労働日	労働日	労働日	労働日	労働日	休日

※法定休日における全労働時間分を 1.35 の割増率で賃金を支払う必要があります。
※月曜日から金曜日までは、あくまで労働日のままとなります。

↓

日	月	火	水	木	金	土
労働	代休＝欠勤	労働日	労働日	労働日	労働日	休日

※月曜日に代休を与えた場合、1.00 の欠勤控除対象となります。ただし、本人が代休日に有給休暇の取得を希望した場合には賃金控除を行うことはできません。

第6章
労働時間制度のポイント
（フレックスタイム制など）

労働時間制度について

　私共がスタートアップ企業の就業規則作成や改定業務にあたる場合に一番重要だと考えている箇所が，本編でご案内している「労働時間制度」です。

　法的には多種多様な労働時間制度が認められています。そこでどのような制度を自社の労働時間制度とするか決定することが，労務管理の最初のステップになります。

　労働時間制度にはどういったものがあるかですが，現実的な選択肢としては次のようなものがあります。

> ①原則的な労働時間制度
> ②始業時刻のみ選択できる労働時間制度
> ③フレックスタイム制度
> ④専門業務型裁量労働制
> ⑤その他

　なお，よほどのことがない限り，所定労働時間は法定労働時間と同じ1日8時間に設定することをお勧めします。

> 法定労働時間・・・労働基準法が定める労働時間のことで，原則として1日8時間，週に40時間までとする労働時間の上限時間
>
> 所定労働時間・・・法廷労働時間の上限を超えない範囲で各事業所において定める労働時間

①原則的な労働時間制度

「始業9：00，終業18：00」などのように，出勤すべき時間が定刻で決定されている制度です。もっともオーソドックスな労働時間制度と考えましょう。

②始業時刻のみ選択できる労働時間制度（1日の労働時間は8時間）

上記①の変形パターンで，始業時刻を各自が任意の時刻に選択できる制度です。1日の労働時間をあくまでも8時間に固定したいような場合は，始業開始時間帯を例えば9：00〜10：30までと決めておき，終業時刻は，始業時刻から9時間後とします。ただし，あくまでも始業時刻を選択できる制度であり，③のフレックスタイム制とは相違します。スタートアップの中にはこのパターンを採用している企業も見受けられます。

③フレックスタイム制度

こちらの制度がスタートアップ企業にもっともといって良いほど多く取り入れられている制度になります。

上記①の制度においては始業時刻と終業時刻が決まっていますが，フレックスタイム制の場合には，従業員が自ら各日の始業時刻と終業時刻を決定することができます。1カ月の総所定労働時間数を事前に決めておき，各日ではなく1カ月の総所定労働時間数以上を勤務する制度です。

また，全員が労働しなければならない時間帯（コアタイム）や始業時刻と終業時刻を選べる時間帯（フレキシブルタイム）などについても自由に決定することができます。例えば，月曜日は全体朝礼があるのでコアタイムを少々いつもより早めの時間帯にするなど，曜日によって変更することも可能です。

フレックスタイム制度の場合，1日8時間，週40時間の労働基準法における制限時間を超えて働いても，ただちに時間外労働にはなりません。また，1日の標準的な労働時間に達しない場合でも，欠勤となるわけではありません。

（1）フレックスタイム制を導入する方法

　フレックスタイム制を導入するには，就業規則に規定をおいて労使協定で詳細の所定事項を定める必要があります。

（2）フレックスタイム制が向いている職種

　フレックスタイム制は，個人で働く業務や専門技術的な業務が中心の職種に適しています。例えば以下のような職種の従業員にはフレックスタイム制の導入を検討すると良いでしょう。

> - 企画職　　　　　● 設計業務
> - エンジニア職　　● デザイナー
> - 研究職　　　　　　　　　　など

　こういった職種は本人の裁量によって働くほうが業務効率も上がりやすいので，フレックスタイム制の導入を検討すると良いでしょう。

④専門業務型裁量労働制

　専門業務型裁量労働制とは，一定の専門職の従業員が自分で労働時間を決められる制度です。実際に働いた時間ではなく，一定時間働いたと「みなして」給与を支払います。例えば，働いた時間が3時間でも10時間でも，「8時間働いた」とみなして8時間分の給与が支払われる場合などです。

　スタートアップ企業では，一部のエンジニアなどに適用しているケースが見受けられます。

（1）専門業務型裁量労働制の適用業務

　専門業務型裁量労働制の最大のポイントは，適用業務が19業務(システムエンジニア，コピーライター，ゲーム用ソフトウェアの創作の業務など)に限定されていることです。

《専門業務型裁量労働制の対象となる19の業務》

(1) 新商品，新技術の研究開発または人文科学，自然科学に関する研究の業務

(2) 情報処理システム分析または設計の業務

(3) 新聞，出版の事業における記事の取材，編集の業務。「放送番組」の制作のための取材，編集の業務

(4) 衣服，室内装飾，工業製品，広告などの新たなデザインの考案の業務

(5) 放送番組，映画などの制作の事業におけるプロデューサー，ディレクターの業務

(6) 広告，宣伝などにおける商品の内容，特長などに関わる文章の考案（いわゆるコピーライター）業務

(7) 事業運営において情報処理システムを活用するための問題点の把握またはそれを活用するための方法に関する考案あるいは助言（いわゆるシステムコンサルタント）の業務

(8) 建築物内での照明器具，家具などの配置に関する考案，表現または助言（いわゆるインテリアコーディネーター）の業務

(9) ゲーム用ソフトウェアの創作の業務

(10) 有価証券市場における相場などの動向または有価証券の価値などの分析，評価またはこれに基づく投資に関する助言（いわゆる証券アナリスト）の業務

(11) 金融工学などの知識を用いた金融商品の開発の業務

(12) 大学における教授研究の業務（主として研究に従事するものに限る）

(13) 公認会計士の業務

(14) 弁護士の業務

(15) 建築士（一級建築士，二級建築士及び木造建築士）の業務

(16) 不動産鑑定士の業務

(17) 弁理士の業務

(18) 税理士の業務

(19) 中小企業診断士の業務

上記以外の業務の従業員には適用できません。スタートアップで専門業務型裁量労働制を導入する際には，業務の拡大解釈をせずに厳格に適用する必要があります。例えばエンジニアでも，プログラマーなどは対象になりませんので注意が必要です。

（2）専門業務型裁量労働制を導入する方法

専門業務型裁量労働制を導入するには，実態に合ったみなし労働時間を設定した労使協定などの作成をしなければなりません。以下のような事項を取り決めましょう。

- □ 業務内容と対象従業員
- □ みなし労働時間
- □ 時間外手当
- □ 休日労働
- □ 深夜勤務
- □ 健康と福祉
- □ 苦情処理

労使協定を定めたら，労働基準監督署長へ届け出なければなりません。

♟ここが実務上のポイント♟

■■当初は原則的な労働時間制度の採用がお勧め■■

専門業務型裁量労働制は労働時間の長さを正確に測る制度ではなく，労働時間をみなしてしまう制度です。正確な労働時間の把握はできません。スタートアップ企業でも，最初のうちは裁量労働制ではなく，上記①〜③のいずれかの制度（原則的な制度やフレックスタイム制）を採用されることをお勧めします。

なお，専門業務型裁量労働制でも安全衛生法上，従業員の安全（健康）配慮の観点より，労働時間の状況の把握が求められていますので注意が必要です。

⑤その他の労働時間制度

　上記以外にも労働時間制度には,「1カ月単位の変形労働時間制」,「企画業務型裁量労働制」,「1年単位の変形労働時間制」,「事業場外労働時間制」,「高度プロフェッショナル制度」などがあります。

　しかし,このあたりの制度は,スタート間もないスタートアップ企業は導入を避けておいたほうが無難です。

　企画業務型裁量労働制は,適用要件がかなり厳格ですし,そもそも大企業向けの労働時間制度であるため,スタートアップ企業には実態として適用が困難です。

　1年単位の変形労働時間制は,1年単位で労働時間を厳格に管理する必要があるため,スタートアップ企業では運用は難しいでしょう。

　事業場外労働時間制は,労働時間の算定が困難な業務について適用が認められますが,現在では,どこにいても労働時間が算定可能であると考えられるため,適用は困難なケースが多数です。

　高度プロフェッショナル制度は,事務処理が煩雑なのと,適用要件が非常に厳格なため,こちらについても当面は適用を避けておいたほうが無難です。

　以下に労働時間を把握する上で抑えておくべき基礎事項,労働時間制度の詳細な説明をしてまいります。

労働時間制度の詳細 （フレックスタイム制など）

　従業員に適用させる労働時間制度を会社として決定する必要があるのですが, 特定の部門によって, 「この時間帯に必ず業務を行ってもらわないと困る」といった場合には一般的な9時〜18時（休憩1時間）などの労働時間としますが, 特にそのような制約がなければ, スタートアップ企業では多く導入されている「清算期間を1カ月とするフレックスタイム制」をお勧めいたします。

　法律的には, 最長3カ月単位のフレックスタイム制もあるのですが, 残業などの管理が非常に複雑になることからお勧めいたしません。

1. フレックスタイム制導入をお勧めする理由

　日々の労働時間の始業, 終業を柔軟に選択できるため, 応募者へのアピールポイントとなり, 特にスタートアップ企業の導入実績も圧倒的に多く, 何より1日8時間, 週40時間を細かく確認する必要がなく, 給与計算時の工数がかからないメリットがあります。

■2023年の各月の平日の日数^(※)

1月	2月	3月	4月	5月	6月	7月	8月	9月	10月	11月	12月
19	19	22	20	20	22	20	22	20	21	20	20

（※）土・日・祝・年末年始（12/29〜1/3）を休日とする場合

　給与計算の際, 所定労働時間を8時間として, 例えば2月は,

　　　19日 × 8時間＝152時間

が総労働時間となり, 実務的にはこの時間を超えた分を残業時間とします。

●第8章の定額残業代制度を併用の場合，仮に30時間と設定したとすると，152時間＋30時間＝182時間を超えた場合に限り差額の時間外手当の計算を行えば足りるわけですから，例えば総労働時間が155時間52分だった場合に，3時間52分の割増賃金の計算自体が不要となり，給与計算事務が簡便なものとなります。

●休日について，法定休日を日曜と特定した場合には，日曜出勤分のみ1.35の計算が必要となります。

例）2023年2月のカレンダー　（月所定労働時間：8 h×19日 =152時間）

日	月	火	水	木	金	土
			1　8 h	2　7 h	3　7 h	4　休
5　休日出勤 5 h	6　8 h	7　7 h	8　6 h	9　9 h	10　8 h	11　休
12　休	13　5 h	14　8 h	15　9 h	16　7 h	17　8 h	18　5 h
19　休	20　8 h	21　8 h	22　7 h	23　休	24　10 h	25　休
26　休	27　10 h	28　9 h	総労働時間154時間，休日出勤5時間			

●フレックスタイム制は月ごとに清算しますので，8時間に満たない日について，控除計算を行う必要がありません。また，8時間を超える労働日についても，割増賃金を計算する必要がありません。控除計算や割増賃金の計算は，1カ月間の総労働時間数によって判断されることになります。

●第3週は週40時間以上労働となっていますが，フレックスタイム制は月ごとに清算しますので，計算する必要がありません。法定労働時間である1日8時間超，週40時間超の労働時間があったとしても月の総

労働時間数から計算するため，1日8時間超や週40時間超の時間について他の日の労働時間数が短い場合は，結果残業時間が相殺されることになります。

● 月所定労働時間152時間＜総労働時間154時間＝2時間の残業を行っていることになりますが，定額残業代制度（仮：30時間）を併用している場合には2時間分の残業代の計算すら必要ありません。

● 法定休日を日曜日と定めている場合には，5時間分について1.35の割増計算を行う必要があります。

フレックスタイム制に関する労使協定

　株式会社●●と従業員代表●● ●●とは，フレックスタイム制について労働基準法第32条の３の規定に基づき次のとおり協定する。

第１条　適用対象者

　フレックスタイム制は，従業員のうち業務経験，職務内容および自己管理能力等を会社が審査して承認した者に限り適用する。

第２条　清算期間

　労働時間の清算期間は，給与計算期間である当月１日から当月末日までの１カ月間とする。

２　当月１日以外の入社またはフレックスタイム制の適用開始等があった場合，清算期間の起算日は当該日とする。

３　当月末日以外の退職またはフレックスタイム制の適用解除等があった場合，清算期間の末日は当該日とする。

第３条　清算期間における所定総労働時間

　各清算期間における所定総労働時間は，１日当たり８時間（育児等の理由により短時間勤務の場合〔以下「短時間勤務の場合」という〕は，短縮された勤務時間）に当該清算期間における所定労働日数を乗じて得た時間とする。フレックスタイム制適用者は，清算期間における所定総労働時間と労働時間に著しい過不足が生じないように留意して勤務しなければならない。なお，本協定により労働時間の限度について，「清算期間における所定労働日数 × ８時間」とすることを可能とする。

２　出生時育児休業の取得等のため，当月１日から当月末日までの１カ月間に当該休業等取得期間を除く分割された複数の清算期間がある場合には，分割された清算期間ごとの所定労働日数に１日

当たり8時間（短時間勤務の場合は，短縮された勤務時間）を乗じて得た時間を所定総労働時間とし，分割された清算期間ごとに過不足時間の清算を行うものとする。

第4条　標準となる1日の労働時間

標準となる1日の労働時間は8時間（短時間勤務の場合は，短縮された勤務時間）とし，有給休暇，有給の特別休暇および出張等については，この時間の労働とみなして取り扱う。

第5条　コアタイム

必ず労働しなければならない時間帯（コアタイム）は，11時00分〜16時00分とする。

第6条　休憩時間

フレックスタイム制適用者の休憩時間は，就業規則の定めるところによるものとする。

第7条　フレキシブルタイム

選択により労働することができる時間帯は，原則として8時00分〜11時00分，16時00分〜22時00分とする。

2　業務の都合により前項の時刻以外に労働をする必要がある場合には，事前に会社に申出て許可を得なければならない。

第8条　超過労働時間の取り扱い

清算期間中の労働時間が第3条に定める所定総労働時間を超過した時は，超過した時間に対して，時間外勤務手当を支払う。但し，定額時間外勤務手当が支給されている場合には，定額時間外勤務手当に応じた時間数を超えた時間数分を差額支給するものとする。

2　短時間勤務者の場合については，8時間に清算期間中の所定労働日数を乗じて得た時間を超えない限りは通常の時間単価を支払う

ものとする。

第9条　不足時間の取り扱い

清算期間中の労働時間が第3条に定める所定総労働時間に不足した時は，不就労としてその時間相当額を給与から控除する。

第10条　法定休日の取扱い

法定休日については，フレックスタイム制を適用しない。但し，振替休日を取得した場合を除く。

第11条　労働時間の管理

フレックスタイム制の労働時間の管理は次のとおりとする。

(1) 従業員は，各月の所定総労働時間を基準として，自らの能力を十分に発揮し，かつ自らの生活との調和を図り，その業務を計画的に配分して業務を完遂し，所定総労働時間を管理しなければならない。

(2) 従業員は，自己の労働時間を所定の勤務表に記録して管理し，所定の期日までに会社に提出しなければならない。

(3) 従業員は，フレックスタイムの適用にあたって，所定総労働時間に対し著しい過不足時間が生じないように自主的な管理を図らなければならない。

(4) 所定休日労働および深夜労働については，あらかじめ会社の承認を得ない限りこれを行ってはならない。

第12条　フレックスタイム制の適用解除

会社は，従業員の成果目標管理，自己管理および体調管理等の状況によりフレックスタイム制を適用することがふさわしくないと判断した場合，その他業務上のやむを得ない事由のある場合には，個別にフレックスタイム制の適用を解除し，通常勤務に変更するものとする。

2　産前産後休業，育児休業（出生時育児休業を含む），介護休業または休職等を開始する場合には，休業等を開始する日の前日にフレックスタイム制の適用を解除するものとする。なお，休業等によりフレックスタイム制の適用を解除した者が，休業等を終了する場合は，原則として休業等を終了した日の翌日から改めてフレックスタイム制の適用を開始するものとする。

第13条　協定の有効期間

　本協定の有効期間は，令和4年10月1日から令和5年9月30日までとする。ただし，有効期間満了の30日前までに，会社，従業員代表のいずれからも申し出がないときには，更に1年間有効期間を延長するものとし，以降も同様とする。

　　　　　　　　　　　　　　令和●年●月●日
　　　　　　　　　　　　　　株式会社●●
　　　　　　　　　　　　　　　　代表取締役　●●　●●　　㊞
　　　　　　　　　　　　　　　　従業員代表　●●　●●　　㊞

2. 適正運用するために注意すべきこと

コアタイムを設ける場合には，定例ミーティングはコアタイム内に行う必要があります。

例えば，毎週月曜日の朝8時30分から9時30分まで定例のミーティングを実施しているケースで，コアタイムを11時〜15時と決定した場合には，始業時刻を従業員本人が選択できなければいけないため，朝のミーティングをコアタイムの時間帯で実施，月曜日のみコアタイムの時間帯を変更するといった対応をしなければ適正運用とはいえません。

【参考】シフト勤務について

アルバイトやインターンシップに対して，労働日や労働時間を確定的に定めない，いわゆるシフト制により運用するケースも考えられますが，労使間による認識の相違が生じやすいことから，ルールを定め，適切に運用する必要があります。

トラブル予防のために次の点に留意する必要があります。

- シフトの作成時に，事前に労働者の意見を聞く
- シフトの通知期限・通知方法を明確にする
- 一旦確定した労働日や労働時間を変更する場合には，従業員の同意を得る
- シフトが入る最低限・最大の日数や時間数を定め，従業員の意向に沿わない運用（例：シフトを全く入れない・シフトを過度に多く入れる）はしない
- シフトパターンについては，全パターンを就業規則に規定する
- シフトを作成する際には週の労働時間が法定労働時間である1日8時間，1週40時間以内におさえておく。特に社会保険の加入基準（週の所定労働時間数によって判断）については注意

労働時間の適正把握とは

労働時間管理については，労務管理の根幹を成すものであり，スタートアップ企業であっても適正に行っておく必要があります。労働時間の適正把握，未払い賃金を発生させない適切な運用を早期に確立しておくと，IPOを目指す場合はもちろん後々審査がスムーズに進み，目指していなくても健全性をアピールすることで，優秀な人材から選ばれることにもつながります。

厚生労働省では「労働時間の適正な把握のために使用者が講ずべき措置に関するガイドライン」を作成しており，労働基準監督署もこのガイドラインに基づき，労働時間の把握が不適正である場合には，適合するように指導しています。

実務上，自己申告制にしている企業がほとんどかと思われますが，同省より毎年公表されている監督指導結果を確認すると，以下の点についての指導が特に多いため，内容を理解した上で，労働時間管理体制を構築する必要があります。

「労働時間の適正な把握のために使用者が講ずべき措置に関するガイドライン」で特に注意しておきたい事項は次の箇所になります。

> **【ガイドライン4(3)】**
> 自己申告制により始業・終業時刻の確認及び記録を行う場合の措置
> ウ　自己申告により把握した労働時間が実際の労働時間と合致しているか否かについて，必要に応じて実態調査を実施し，所要の労働時間の補正をすること。特に，入退場記録やパソコンの使用時間の記録など，事業場内にいた時間の分かるデータを有している場合に，労働者からの自己申告により把握した労働時間と当該データで分かった事業場内にいた時間との間に著しい乖離が生じ

ているときには，実態調査を実施し，所要の労働時間の補正をすること。
　エ　自己申告した労働時間を超えて事業場内にいる時間について，その理由等を労働者に報告させる場合には，当該報告が適正に行われているかについて確認すること。その際，休憩や自主的な研修，教育訓練，学習等であるため労働時間ではないと報告されていても，実際には，使用者の指示により業務に従事しているなど使用者の指揮命令下に置かれていたと認められる時間については，労働時間として扱わなければならないこと。

＊担当者が理解しておかなければいけないこと

- 従業員，管理者に対して十分な説明を行う
- 在社時間と自己申告された労働時間との乖離の把握，実態の確認を行う ➡ 労働時間の補正を行う
- 労働時間を適正に自己申告しているかの確認を行う

♟ここが実務上のポイント♟

　上場を目指すスタートアップ企業においては，上記ガイドラインの下線の箇所に示されるように，勤怠管理ツールから入力した自己申告の労働時間記録とPCのログオン，ログオフの時刻との突合チェックなどを行う必要があります。今では自動的に乖離が分かるようなツールもあるため，早期に労働時間の乖離チェックを実現する仕組みを検討する必要があります。もっとも常時PCを使用しない業務の方については，業務の開始時刻前，業務終了後にチャットツールで上司への連絡などの方法が考えられます。いずれにせよ労働時間を正しく申告させるように定期的な研修や従業員へのインタビューなどを実施する必要があります。

第7章
外国人雇用, 障害者雇用, 無期転換, 安全衛生などの留意事項

外国人雇用の留意点

　外国人雇用については，わが国の労働力人口の減少により，今後積極的に行われるものと思われますが，留学生の雇用管理については特に次の点について不備が見られますので注意が必要です。

【表面】

在留資格：留学──である場合，
就労制限の有無：就労不可──です。

【裏面】

ただし，
週28時間以内で許可されていることがわかります。

〔労働時間超過の場合：送検例有り〕

 ## 1週間の就労可能時間の意味

　例えば留学生について，一律28時間が就労可能時間であることは当然のこととされていますが，どの曜日から1週の起算をした場合でも常に1週について28時間以内であることについては，意識されていないケースが散見されます。

　また，複数の事業所にて勤務する場合は合算して28時間以内であることもクリアしなくてはいけませんので，外国人の就労状況には特に気を配る必要があります。

♟ここが実務上のポイント♟

　忘れがちなのは，雇用保険に加入しない外国人を採用した場合にもハローワークへ届出が必要なことです。この届出を怠ってしまうと大きな問題につながりかねませんので十分ご留意ください。

　雇用保険に未加入者である外国人については，〔入社・退社〕の際に外国人雇用状況届出書をハローワークに提出する必要があります。

雇　　入　　れ
離　　　　　職　　に係る外国人雇用状況届出書

フリガナ（カタカナ）			
①外国人の氏名 （ローマ字）	姓	名	ミドルネーム

②①の者の在留資格		③①の者の在留期間 （期限） （西暦）	年　　　月　　　日 まで
④①の者の生年月日 （西暦）	年　　　月　　　日	⑤①の者の性別	1 男　・　2 女
⑥①の者の国籍・地域		⑦①の者の資格外 活動許可の有無	1 有　・　2 無
⑧①の者の 在留カードの番号 （在留カードの右上に記載され ている12桁の英数字）			

雇入れ年月日　　　　年　　　月　　　日　　　離職年月日　　　年　　　月　　　日
（西暦）　　　　　　　　　　　　　　　　　　　（西暦）

　　　　　　　　年　　　月　　　日　　　　　　　　　　　年　　　月　　　日

　　　　　　　　年　　　月　　　日　　　　　　　　　　　年　　　月　　　日

労働施策の総合的な推進並びに労働者の雇用の安定及び職業生活の充実等に関する法律施行規則第10条第3項の規定により上記のとおり届けます。

　　　　　　　　　　　　　　　　　　　　　　　　　　　　　　年　　　月　　　日

事業主	事業所の名称、 所在地、電話番号等	雇入れ又は離職に係る事業所	雇用保険適用事業所番号 □□□□□ - □□□□□□ - □
		（名称） （所在地） 主たる事務所 （名称） （所在地）　　TEL 　　　　　　　　TEL	①の者が主として左記以外 の事業所で就労する場合 □
	氏名		

社会保険 労務士 記載欄	作成年月日・提出代行者・事務代理者の表示	氏名	
			公共職業安定所長　殿

〔未届の場合：送検例有り〕

障害者雇用について

　障害者雇用促進法に基づき，社員数が一定以上の企業については法定雇用率2.3％以上の障害者雇用が義務付けられています。労働者を43.5人以上雇用している事業所は，障害者を1人以上雇用しなければなりません。この法定雇用率は，民間については令和6年4月に2.5％（労働者40人ごとに1人）へ，令和8年7月に2.7％（労働者37人ごとに1人）へ引き上げられるため，意識的に採用計画を立てる必要があります。

◖◗障害者雇用の現状

　各企業が法定雇用率を達成するため障害者雇用を積極的に行っていますが，「採用したくてもなかなか採用まで至らない」，「ハローワークに求人を出しても応募がこない」といった相談を受けることがあります。現状，障害者雇用については非常に採用が困難な状況であるといえます。従業員数が増加してきた場合は，将来的には障害者の方を雇用する法的義務があるため，自社の業務の切り出しを行うなど障害者雇用の体制を早めに立てられることをお勧めいたします。

【参考】雇入れ計画作成命令の対象基準

　6月1日現在で，次のいずれかに該当する企業は要注意です。

> □ 障害者雇用の実雇用率が全国平均実雇用率未満^{（※）}
> 　で，かつ不足数が5人以上
> □ 法定雇用障害者数が3〜4名であって，障害者を
> 　1人も雇用していない
> □ 不足数が10人以上

（※）全国平均実雇用率：厚生労働省のホームページで
「障害者雇用状況の集計結果」として公表されます

例）障害者雇用率達成指導～企業名公表までの流れ

① 雇用状況報告	2022年6月1日の状況が計画作成命令の対象基準の場合
↓	⇩
② 雇入れ計画作成	2023年1月1日～2024年12月31日までの2年計画を作成
↓	
③ 1年目終了時 雇入れ計画の適正実施報告	
↓	⇩
④ 2年目終了時 公表を前提とした特別指導の実施	9カ月，2025年4月～12月
↓	⇩
⑤ 企業名公表	2026年3月

無期転換ルールとは

　同一の使用者との有期労働契約が1回以上更新されて通算5年を超えることになったときは，労働者の申込みによって期間の定めのない労働契約に転換するルールです。

1. 無期転換申込権の発生・行使の要件など

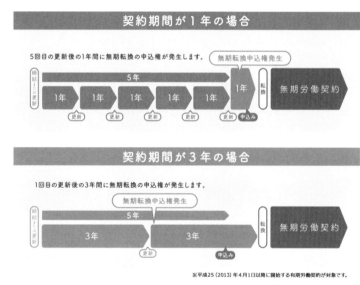

出典：厚生労働省ホームページ　「無期転換ルールについて」
(https://www.mhlw.go.jp/stf/newpage_21917.html)

- 無期転換権を行使された場合，会社は拒否できませんが，自動的に無期労働契約に転換されるわけではありません。
- 誤解が生じやすい事項となりますが，これまでの労働条件のまま，期間の定めのみが無期の労働契約とすれば足りますので，正社員と同じ労働条件に変更しなければならないわけではありません。

2. 雇止めする際の注意点

　次のように，無期転換を意図的に避ける目的により雇止めした場合には，争いとなった場合に無効となる可能性が高いといえますので，自社の有期雇用契約者の活用を意識しつつ，概ね3年を目途に今後の更新の是非を判断することを推奨いたします。

無効になる可能性が高いケース

- 無期転換権が発生する有期労働契約が満了する「直前」に，一方的に更新年数の上限や更新回数の上限を設け，無期転換申込権の発生前に雇止めすること。
- 「クーリング」[※]を逆手にとり，契約の更新を希望する有期契約労働者について，一定の期間経過後に再雇用を約束した上で雇止めを行うこと。

> ※「クーリング」とは
> 同一使用者との間で有期労働契約を締結していない期間に「無契約期間」が一定以上続いた場合，それ以前の契約期間は通算対象から除外されることをいいます。

（1）無契約期間の前の通算契約期間が<u>1年以上</u>の場合

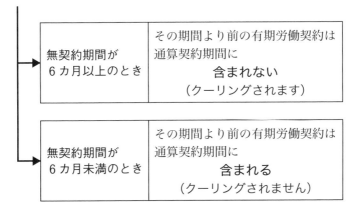

無契約期間が 6カ月以上のとき	その期間より前の有期労働契約は通算契約期間に **含まれない** （クーリングされます）

無契約期間が 6カ月未満のとき	その期間より前の有期労働契約は通算契約期間に **含まれる** （クーリングされません）

（2）無契約期間の前の通算契約期間が１年未満の場合

　無契約期間の前の通算契約期間に応じて，無契約期間がそれぞれ次の表の期間に該当するときは，無期契約期間より前の有期労働契約は通算契約期間に含まれません（クーリングされます）。

無契約期間の前の 通算契約期間	契約がない期間 （無契約期間）	
２カ月以下	１カ月以上	クーリングされます
２カ月超〜４カ月以下	２カ月以上	
４カ月超〜６カ月以下	３カ月以上	
６カ月超〜８カ月以下	４カ月以上	
８カ月超〜10カ月以下	５カ月以上	
10カ月超〜	６カ月以上	

【例】半年更新のアルバイトが，自己都合により契約の更新を希望せず退職した

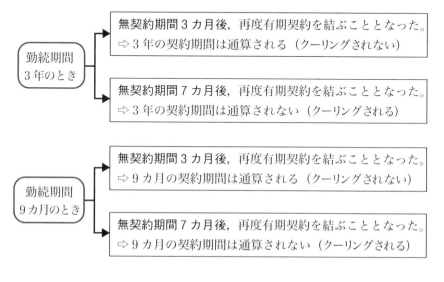

勤続期間
３年のとき

無契約期間３カ月後，再度有期契約を結ぶこととなった。
⇨３年の契約期間は通算される（クーリングされない）

無契約期間７カ月後，再度有期契約を結ぶこととなった。
⇨３年の契約期間は通算されない（クーリングされる）

勤続期間
９カ月のとき

無契約期間３カ月後，再度有期契約を結ぶこととなった。
⇨９カ月の契約期間は通算される（クーリングされない）

無契約期間７カ月後，再度有期契約を結ぶこととなった。
⇨９カ月の契約期間は通算されない（クーリングされる）

❦ここが実務上のポイント❦

　契約期間が5年を超過した労働者からの申し出により無期転換をした場合ですが，無期転換後の契約形態を決定しておく必要があります。申し出があってから考えるのでは遅いので，契約社員として契約期間がないだけの形態になるのか（通常この場合は，定年の定めを設けます），あるいは正社員に変更するのか，正社員とは別の労働条件で限定社員的なものにするのか，を決定しておき，就業規則に規定しておく必要があります。

　あるいは最初から契約期間の上限（例えば上限3年や5年）を設けておき，無期転換自体が発生しない運用とすることも可能です。この場合は，上限年数を遵守する徹底した運用が求められます。

安全衛生関係

1. 雇入れ時，定期健康診断の実施

　健康診断は労働安全衛生法により実施義務がありますが，雇入れ時健康診断について行われていないケースが散見されます。また，定期健康診断については1年以内に1回行う必要がありますが，遡って確認した結果1年を過ぎて実施されているケースが少なくありませんので，従業員ごとの受診日を管理しておくことが望まれます。

2. 特定業務従事者の健康診断の実施

　深夜時間帯（22時〜翌朝5時）に週1回または1カ月に4回以上勤務する従業員については，6カ月以内に1回，健康診断を行うこととされています。労働契約上の就業時間帯はもちろん，深夜時間帯に残業した場合も同様です。突発的な業務が発生しやすい職種については，いつの間にか回数が累積している可能性があります。安易に深夜時間帯に就業時間がかかることのないよう，就業ルールを徹底することが必要です。

3. 長時間労働者に対する面接指導

　月80時間超の時間外・休日労働を行い，疲労の蓄積が認められる従業員から申し出があった場合，原則として会社は医師による面接指導を受けさせなければなりません（安衛法66条の8，安衛則52条の2及び3）。このケースと労基法の時間外労働の計算方法は異なりますので注意が必要です。

　労基法では，1週40時間・1日8時間を超えた場合または法定休日に労働させた場合，時間外・休日労働となります。一方，安衛法が定める医師面談が必要とされる時間は，「休憩時間を除き1週間当たり40時間を超えて労働させた場合におけるその超えた時間」です。

	労 基 法	安衛法上の超過労働時間
時間外労働	1週40時間, 1日8時間を超えた場合	休憩時間を除き, 1週間当たり40時間を超えて労働させた場合における, その超えた時間。
休 日 労 働	法定休日に労働させた場合	※時間外労働と休日労働を区別する考え方はしない。

計算式で表現すると, 次のようになります (平18・2・24基発0224003号)。

$$\left(\begin{array}{l} \text{労働時間数+延長時間数} \\ \text{+休日労働時間数} \end{array} \right) - \frac{\text{計算期間 (1カ月間) の総暦日数}}{7} \times 40$$

（上部ラベル：1カ月の総労働時間数）

例えば右のケースAの場合で労基法と安衛法を対比すると, 下のような計算式になります。

ケースA （1カ月の労働時間）

暦日数	30日
1日の労働時間	8時間
月の労働日数	20日
時間外労働	72時間
法定休日労働	8時間

	労基法	安衛法上の超過労働時間
時間外労働	72時間	1カ月の総労働時間数 $-$ 計算期間の総暦日数／7 ×40
休 日 労 働	8時間	$\left(\begin{array}{l} 8\text{時間}\times20\text{日}+72\text{時間} \\ +8\text{時間 } = 240\text{時間} \end{array} \right) - (30\div7)\times40 = 171.42\cdots$

労基法の時間外・休日労働時間の計算は, 72時間 ＋ 8 時間 ＝ 80.0時間

安衛法の医師面談が必要とされる時間の計算は, 240時間 － 171.42… ＝ 68.6…時間

労基法では80時間, 安衛法では68.6時間となり, 11.4時間の差異が生じています。その月の暦日数と労働日数の関係などで様々な組み合わせがありますので, 人事担当者は事前に確認しておく必要があります。

　労務管理においては，特に労働時間を把握することがとても重要です。残業代の計算だけでなく，従業員の安全配慮（健康管理）という点からも，企業には労働時間の状況を客観的に把握する義務が安全衛生法上，求められています。

　対象は，管理監督者や裁量労働制を含むすべての方が対象となります。ひとたび労災（脳・心臓疾患など）が起こってしまった場合，直前の労働時間が一定の基準を上回る場合は，労災に認定されることが明確化されています。

　ひと昔前であれば，長時間労働がなければなかなか従業員のスキルが伸びないと考えられていた時代もありましたが，世の中は変わっています。労務管理の中では，今や労働時間管理が最も重要な事項となっていますので，スタートアップ企業ではその意識を最初から持つことが必要です。

　また，特に上場を目指される企業にとっては，監査法人のショートレビュー時に労働時間管理が杜撰な状況であればすぐに改善を求められますので，勤怠管理システムの導入などを早期に対応されることをお勧めします。

法定帳簿とは

　以下の帳簿は，労働基準法により整備，保存義務が会社に義務付けられています。現在ではシステムから簡易的に出力が可能となっているのが一般的ですので，調製機能を兼ね備えた人事管理システムの導入は必須といえます。

法定帳簿	記載内容	想定すべき労基署からの指導例
賃金台帳	氏名，性別，賃金計算期間，労働日数，労働時間数（残業時間，深夜・休日時間を含む），基本給及び手当額，賃金控除額など	□ 複数の手当を種類ごとではなく，まとめて記載している。 □ 労働時間数，残業時間数，深夜労働時間数など時間数を記載していない。 □ 事務委託した会社などに賃金台帳を預けており，求めに応じてすぐに確認できない。
労働者名簿	氏名，生年月日，性別，社内履歴，住所，従事する業務，雇入れ年月日，退職年月日及びその事由（解雇の場合はその理由を含む），死亡年月日及びその原因	□ 従事する業務の種類の記載内容が最新の状態になっていない。 □ 退職の事由が記載されていない。 □ 履歴が記載されていない。
出勤簿	氏名，出勤日，出勤日ごとの始業・終業時刻，休憩時間，残業時間など	□ 始業・終業時刻が記録されていない。 □ 随時休憩を取得させている場合に休憩時間の記載が無い。 □ 休憩時間に労働させていた場合に，労働時間として記録していない。
年次有給休暇管理簿(※)	取得日，付与日，日数	□ 基準日と付与日数の記載が無い。 □ 具体的な取得日が記載されていない。

（※）年次有給休暇管理簿の作成自体について規定違反による罰則の適用はありませんが，年5日の有給消化義務の違反については罰則が適用されますので，管理簿を作成するということは，自社の従業員の有給休暇の取得状況を適切に管理することに繋がります。上場を目指す場合には必ず管理状況の説明ができる状態にしておく必要があります。

ととのえましょう！

法 定 帳 簿

　労働基準法では労働者を雇用する事業者に対して、労働者名簿や賃金台帳、出勤簿、年次有給休暇取得管理簿を法定帳簿として整備し、保存することを義務付けています。

　企業には、これらの法定帳簿を正しく作成し運用することで、適正な労務管理を行っていくことが求められています。

労働基準法で規定された代表的な４帳簿

賃金台帳

賃金計算の基となる基本帳簿

- ・事業場ごとに作成する必要あり
- ・必須記載項目は氏名、性別、賃金計算期間、労働日数、労働時間数（深夜・休日・残業時間を含む）、基本給及び手当額、賃金控除額など

労働者名簿

旧工場法時代から存在する古参の帳簿

- ・事業場ごとに作成する必要あり
- ・労働者ごとに作成する必要あり
- ・必須記載項目は氏名、生年月日、履歴、性別、住所、従事する業務、雇入年月日、退職年月日など

出勤簿（労働時間を記録した帳簿）

法条文には明記されていない隠れ帳簿

- ・厚労省のガイドラインにより「労働関係に関する重要な書類」であると明記
- ・記載項目は、氏名、出勤日、出勤日毎の始業・終業時間、休憩時間、残業時間など

年次有給休暇管理簿

NEW！

平成31年4月から追加された新入り帳簿

- ・労働者ごとに作成する必要あり
- ・必須記載項目は取得日、付与日、日数
- ・管理簿の様式は任意のもので可
- ・登場してから日が浅いため、知名度はまだまだ低い

上記帳簿の保存年限はいずれも3年間です。
規定に違反した場合には罰則が適用されることがあります（年次有給休暇管理簿を除く）。

《法定帳簿に関して多く見られる指導事項は裏面をご確認ください》

法定帳簿に関してよくある指導事項

賃金台帳に関して

- ☐ 保存年限未了の賃金台帳を廃棄してしまっている（保存義務違反）
  - …最後の記入の日から起算して3年間の保存が必要
- ☐ 賃金計算期間（○月分、○月○日～○日など）の記載がない
- ☐ 労働時間数、残業時間数、深夜労働時間数などの記載がない（特に残業時間）
- ☐ 台帳に性別が記載されていない
- ☐ 事務委託した会社や社会保険労務士に台帳を預けており、すぐに確認できない

労働者名簿に関して

- ☐ 退職者の労働者名簿を廃棄してしまっている（保存義務違反）
  - …退職の日から起算して3年間の保存が必要
- ☐ 退職者の名簿に退職年月日や退職事由を記載していない
- ☐ 名簿に履歴が記載されていない
- ☐ 名簿に本籍が記載されたままとなっている（平成9年法改正で必須項目から削除）

出勤簿（労働時間を記録した帳簿）に関して

- ☐ 保存年限未了の出勤日を廃棄してしまっている（保存義務違反）
  - …出勤簿を必要とする業務が完結した日から起算して3年間の保存が必要
- ☐ 押印など出退勤の確認のみで、始業・終業時間が記録されていない
- ☐ 中抜けを認めている場合や随時休憩を取得させている場合に休憩時間の記載がない

年次有給休暇管理簿

- ☐ 作成義務を知らないため未作成である
- ☐ 年次有給休暇の付与日（＝基準日）と付与日数の記載がされていない
- ☐ 具体的な取得日が記載されていない

以上は指導の一例です。
同種の問題が発生していないか社内点検を進めましょう！

労働基準監督署の監督対応

　厚生労働省では，各種情報から時間外・休日労働時間数が1カ月あたり80時間を超えていると考えられる事業場や，長時間にわたる過重な労働に関連した労災請求が行われた事業場を対象として監督指導を行うとしており，指導結果についても毎年公表されています。臨検監督(強制立入調査)のうち，定期監督については36協定の特別条項について80時間以上で締結し労基署へ届出している場合には，高い確率で調査対象に選ばれるといえますので，できる限り労働時間の削減に努めることをお勧めいたします。

1. 主な公表事項

（1）法違反に関すること

	違 反 内 容
労働時間	・36協定の締結なく時間外労働を行わせている。 ・協定で定める限度時間を超えて時間外労働を行わせている。 ・時間外労働の上限規制を超えている。
賃金不払残業	・時間外，休日労働などの割増賃金不払い
健康障害防止措置	・衛生委員会を設置していない。 ・健康診断を行っていない。 ・1カ月当たり80時間を超える時間外・休日労働を行った労働者から，医師による面接指導の申出があったにもかかわらず，面接指導を行っていない。

（2）健康障害防止に関すること

　法違反とまではいえないが改善が必要な場合に，指導票が交付されます。こちらについても軽視してはならず，指定期日が示されるため，対応策を報告しなければなりません。

● 面接指導などの実施

　　1カ月当たり80時間を超える時間外・休日労働を行った労働者について，医師による面接指導などの必要な措置を実施するよう努めること。

● 長時間労働による健康障害防止対策に関する調査審議の実施

　　「長時間にわたる労働による労働者の健康障害の防止を図るための対策の樹立に関すること」について，常時50人以上の労働者を使用する事業場の場合には衛生委員会で調査審議を行うこと（50人未満であっても関係労働者からの意見を聴取するといった取組をしていない場合，指導対象）。

● 残業時間の月45時間以内への削減

　　調査の結果，45〜80時間の時間外労働が認められた場合に指導されます。この項目について指導される割合は非常に高い傾向にあります。

　上記のとおり，労働基準監督署は長時間労働の抑制，長時間労働を行わせた場合の割増賃金の支払い状況，医師による面接指導の実施状況及び衛生委員会での審議といった事項について，組織としての取組姿勢を確認しています。

2. 調査準備書類

これまで本書で述べてきた資料が確認されます。

- ・労働者名簿
- ・労働条件通知書（直近の入社分が求められます）
- ・就業規則，給与規程その他人事に関連した規程（労働者への周知方法も確認されます）
- ・時間外労働及び休日労働に関する協定届，フレックスタイム制に関する協定書（労働者への周知方法も確認されます）
- ・年間休日カレンダー（割増賃金単価が適正かを確認されます）
- ・出勤簿，残業申請書，賃金台帳など勤怠関係資料（直近6カ月分）
- ・賃金控除に関する協定
- ・年次有給休暇の管理がわかる書類
- ・健康診断の個人票
- ・安全衛生委員会の議事録（長時間労働に関して審議事項としているかが確認されます）
- ・安全衛生教育の内容がわかる資料（雇入れ時の教育を行っているかが確認されます）

---

3. 申告監督について

　臨検監督（強制立入調査）のうち申告監督は，労働基準監督署へ労働者本人やその他の第三者から，「労働基準法，労働安全衛生法などの法令について違反があるので調査し，是正してほしい」との申告に基づき実施するものです。申告するのは家族や友人などでも可能であるため，日頃従業員から生じた疑問などに，時には社会保険労務士などの専門家のアドバイスを参考に納得・理解を得るような説明を果たしているかが，非常に重要といえます。

第8章
クラウド型給与計算システムを使用する場合の留意事項6選

給与計算業務を行う上で特に重要な事項 ①
割増賃金

（1）割増賃金の計算方法

労基法上，割増賃金は次の計算式で計算するように規定されています。

（基本給＋各種手当）÷ 月平均所定労働時間$^{(※)}$ × 割増率 × 残業時間

＝残業代

（※）次ページ参照

（2）割増賃金の計算から除外できる手当

労基法上，次の手当については除外できると規定されています。

- 家族手当・扶養手当・子女教育手当
- 通勤手当
- 別居手当・単身赴任手当
- 住宅手当
- 臨時の手当（慶弔見舞金，大入り袋など）
- 1カ月を超える期間ごとに支払われる賃金

＊除外賃金に該当しないもの

ただし，これらの名称であっても，次のようなものは除外賃金に該当しませんので，支給の趣旨や実態により判断する必要があります。

特に手当を新設する場合や支給基準などを変更する場合に確認を怠ると，多額の未払い残業代が蓄積するリスクとなります。

- ・家族手当：家族数に関係なく一律に支給される手当
- ・住宅手当：住宅の費用に応じたものでなく一律に支給される手当
- ・通勤手当：距離に応じたものでなく一律に支給される手当
- ・別居手当：例えば世帯主が東京に家族を残し大阪へ単身赴任する際に支給される趣旨ではなく，単に独身の者に対して支給される手当

（３）適切な割増賃金の支給

＊自社の月平均所定労働時間の確認

【例】営業日カレンダー（2023年4月1日〜2024年3月31日）

暦　日　数	366日
休　日　数	123日
（土・日・祝日及び年末年始12/29〜1/3）	
営業日数	243日
1日の所定労働時間	8時間

月平均所定労働時間：^{（※）}

243日×8時間÷12カ月＝162時間

※月によって所定労働時間数が異なる場合には，1年間におけるひと月平均所定労働時間数を用いる

（労働基準法施行規則第19条第4号）

ここ重要!!

■■ 注意事項 ■■

　上記の例の場合，2023年度は，162時間より多い時間を使用した場合に1時間あたりの単価計算が誤りとなります。

　2024年度については，休日数が変動した場合，162時間とならない場合があるので安易に使い回さず，都度営業日カレンダーを作成し確認します。仮に2024年度の営業日が242日だった場合には，161時間や161.333時間といった時間数を使用する必要があり，162時間を繰り越すと一部未払い残業代が発生することになります。

💣ここが実務上のポイント💣

①給与システムについては，必ず月平均所定労働時間数の値については確認してください。実態より大きな数字が入っていると残業代の単価が低くなっていますので，一部未払いの状態になっています。

②手当については，手当ごとに残業代の単価に入るかどうかを確認してください。本来残業代の単価に入る手当が入っていないとすると残業代の単価が低くなっていますので，一部未払いの状態になっています。

給与計算業務を行う上で特に重要な事項 ②
最低賃金

- 地域別最低賃金については、毎年10月頃に改正されます。まれに社内稟議のプロセスを経て改定している企業もみられますが、法律の改正によるものですので、稟議の承認・否認に影響を受けるものではなく、たとえ数十円増で改正された場合であっても時給などを必ず引き上げる必要があり、対応しない場合には法違反となります。
- 賃金締切日と支払日の関係について、例えば「月末締、当月25日払い」といった場合には、10月25日支払給与から改定する必要があります。

（1）最低賃金の対象から除外される賃金

　毎月の給与総額で確認するのではなく、以下のものは除外して確認する必要がありますが、わかりやすい管理方法としては、基本給のみで最低賃金以上となっていれば間違いありません。

①臨時に支払われる賃金（結婚手当など）

②１カ月を超える期間ごとに支払われる賃金（賞与など）

③所定労働時間を超える時間の労働に対して支払われる賃金（時間外割増賃金など）

④所定労働日以外の日の労働に対して支払われる賃金（休日割増賃金など）

⑤午後10時から午前５時までの間の労働に対して支払われる賃金のうち、通常の労働時間の賃金の計算額を超える部分（深夜割増賃金など）

⑥精皆勤手当、通勤手当及び家族手当

（2）最低賃金の具体的な計算方法

次の計算式で算出します。

> 月給額 ÷（年間所定労働日数 × 1 日所定労働時間 ÷12カ月）≧最低賃金額

【例】東京都の最低賃金が適用される方の場合

①年間所定労働日数　　240日

②所定労働時間　　1日8時間

③基　本　給　　　180,000円

　精皆勤手当　　　　20,000円^(※)

　家族手当　　　　　20,000円^(※)（一律に支給されるものではない）

　通勤手当　　　　　10,000円^(※)

　定額時間外手当（20時間分）　28,125円^(※)

（※）は最低賃金の対象から除外されますので，除いて計算すると，

180,000÷（240日 × 8 時間 ÷12カ月）＝ 1,125…円

令和4年10月1日以降の東京都の最低賃金は1,072円ですので，

算出額：1,125円＞最低賃金額：1,072円

となり，最低賃金を満たしていることになります。

❤ここが実務上のポイント❤

定額残業代制度を導入している場合は，定額残業代部分を除いた基本給などから算出した時給金額が最低賃金をクリアしていることが必要となりますので注意してください。

給与計算業務を行う上で特に重要な事項 ③
定額残業代制度（みなし残業制度）

- 割増賃金をあらかじめ一定額以上で支払う制度
- 残業代は1分単位で計算する必要がありますが一定額に達するまでは
  その必要がなく，給与計算の簡略化，未払残業代対策になります。

（1）導入のポイント🎈

定額残業代制度の有効要件を意識する

- □ 基本給部分と定額残業代部分を区分しているか
- □ 「定額残業代」など，時間外労働の対価であることが判る名称か
- □ 給与規程に割増賃金として支払う旨を明記しているか
- □ 労働契約書に割増賃金として支払う旨及び金額を明記しているか
- □ 給与明細上に定額残業代部分が区分されるように設定しているか
- □ 定額で支給する残業時間が45時間以内に収まっているか

（2）給与システムへの反映のポイント🎈

比較となる時間を意識する

　定額残業代45時間分を支給すると規定しているにもかかわらず，割増率の異なる深夜労働手当や法定休日労働手当までも含めて金額比較をしてしまう設定が実際に見受けられます。

　規定通りにシステム設定ができているか，設定と総支給額などの計算結果を確認しないまま運用してしまいますと，未払残業代が知らず知らずのうちに累積することになります。

（3）具体的な計算例

【例】月平均所定労働時間160時間，定額残業代30時間分のケース

〔前提条件〕

給与月額合計	400,000円	
（内訳）・基本給	324,050円	
・定額残業代	75,950円	（残業30時間分）

※深夜勤務手当（0.25）……勤務時間に応じて別途支給

※法定休日勤務手当（1.35）……勤務時間に応じて別途支給

実際の残業時間数など

残業時間	15時間
深夜勤務時間	15時間
法定休日勤務	8時間

上記ケースの場合に，正しい計算方法は次のとおりとなります。

---

①差額時間外手当の有無

残業時間（15時間）分の時間外手当を算出しますと，

324,050÷160時間×1.25×15時間＝37,974.609…➡ 37,975円

となります。37,975円＜75,950のため，差額時間外手当は無し。

②深夜勤務手当（0.25）

324,050÷160時間×0.25×15時間＝7,594.92…➡ 7,595円を支給。

③法定休日勤務手当（1.35）

324,050÷160時間×1.35×8時間＝21,873.375…➡ 21,874円を支給。

正しい計算は，次のとおりとなります。

```
・基本給                324,050円
・定額残業代              75,950円
              ＋
①差額時間外手当              0円
②深夜勤務手当 (0.25)        7,595円
③法定休日勤務手当 (1.35)    21,874円
      合計支給額       429,469円
```

〔前提条件〕の「※」のとおり，深夜勤務手当と法定休日勤務手当は「勤務時間に応じて別途支給」となっていますので，このように計算します。

この計算を踏まえて，給与システム上での差額時間外手当の支給ロジックを次のように設定してしまうと，合計支給額にどのような影響を及ぼすでしょうか？

[残業手当 ＋ 深夜勤務手当 ＋ 法定休日手当] ＞ [定額残業代]

上記ロジックに当てはめると，

37,975円＋7,595円＋21,874円＞75,950円（定額残業代）

さらに整理すると，67,444円＞75,950円 の関係であるとシステムは判断しますので，本来別途支給されるはずの深夜勤務手当と法定休日勤務手当の合計29,469円が完全に埋もれて，未払賃金となってしまうことがおわかりいただけるかと思います。

現在は様々な給与システムがリリースされていますが，設定を誤り，かつ誤りに気付かずに継続してしまうと，時効が3年，従業員数50名として単純に概算額を算出しても，29,469円×12カ月×3年分×50名＝53,044,200円に上ります。

給与計算業務を行う上で特に重要な事項 ④
間違いやすい計算例

〔前提条件〕

①当月末締，当月25日払，差額時間外手当は翌月に支給。例えば，12月1日から12月31日までに差額残業代があれば1月25日に支給する。

②定額残業代30時間分：80,000円を支給していたが，1月1日から管理監督者となり，1月25日払から定額残業代の支給対象から外した。

③12月1日から12月31日までの一般社員分としての残業代を計算したところ，100,000円だった。

〔問〕上記ケースの場合，1月25日の給与計算は次のAとB，どちらを正とするべきでしょうか。

A	基本給	●●●●円	B	基本給	●●●●円
	定額残業代	0円		定額残業代	0円
	差額残業代	80,000円		差額残業代	20,000円

〔答〕B

〔解説〕基本給は同額，定額残業代についても管理監督者のため0円とするところまでは同じです。

　定額残業代と差額残業代の関係について，Aは一般社員分の定額残業代80,000円を差額残業代としてそのまま支給しています。

　一方，Bは12月分の残業代100,000円と一般社員分の定額残業代80,000円を比較して，20,000円を差額残業代として支給しています。

　正しい計算はBとなります。

　このようなケースも実際に見られます。管理監督者となった初月は一般社員時代の残業代を定額残業代と比較の上精算する必要がありますが，Aは管理監督者になったことで比較する設定を考慮していなかったため，計算ミスに繋がってしまいました。

給与計算業務を行う上で特に重要な事項 ⑤
端数処理

給与規程上に端数処理の取扱いが規定されている場合があります。例えば，「各支給項目に円未満の端数が生じた場合は1円に切上げて計算する」と規定されているのであれば，給与システムの端数処理の計算も一致している必要がありますが，システムの端数処理が切捨てられている事例も実際にみられますので，今一度確認してみましょう。

給与計算業務を行う上で特に重要な事項 ⑥
時間の計算

1. 労働時間は何分単位で計算するのか

労働時間の単位で一番注意すべきは，計算の際に端数の切上げはできますが，切捨てはできないということです。

労働時間は原則として1分単位で計算する必要があります。労働基準法では1カ月の通算労働時間について30分未満の端数を切捨て，30分以上を1時間に切上げることは認められていますが，公平性や余計な工数を省く意味でも1分単位で計算することをお勧めいたします。

2. 遅刻・早退控除

5分の遅刻を30分の遅刻として賃金カットするような処理は，労働の提供のなかった限度を超えるカット（25分）について，原則として法違反となり，認められません。

コラム◇◇
賃金のデジタル通貨払いに必ず対応する必要があるのか

　これまで，原則として通貨（現金）で支払うものとして定めた賃金について，従業員の同意を得た場合には銀行その他の金融機関の預金または貯金の口座への振込などによることができることとされていましたが，2023年4月に新たに資金移動業者の口座への賃金支払（賃金のデジタル払い）を解禁しました。賃金の一部を資金移動業者口座で受け取り，残りを銀行口座などで受け取るような選択も可能となります。実務担当者の業務が煩雑になることが想定され，頭を抱えている方も多いのではないでしょうか。

　ですが今回の改正の趣旨は，キャッシュレス決済の普及や送金サービスの多様化が進む中で，資金移動業者の口座への資金移動を給与受取に活用するニーズが見られるといった状況を踏まえ，賃金の支払方法に係る新たな選択肢を追加するものです。したがって，この支払手段を希望しない従業員にまで強制するものではないと同時に，使用者も従業員の希望に応じる必要はありません。従業員と使用者の双方が希望する場合に限り対応すれば良いのです。　▶参考資料（次ページ）

資金移動業者口座への賃金支払に関する同意書　　（参考例）

（使用者名）　　殿

私（労働者名）は、資金移動業者口座への賃金支払いについて、以下の内容を確認しました。

☐　使用者から、賃金支払の方法として、厚生労働大臣の指定を受けた資金移動業者（以下「指定資金移動業者」という。）の口座（以下「指定資金移動業者口座」という。）のほか、預貯金口座（銀行口座等）又は証券総合口座への賃金支払も併せて選択肢として提示されたこと

☐　使用者又は使用者から委託を受けた指定資金移動業者から、裏面の留意事項について説明を受け、その内容を確認したこと

その上で、私（労働者名）は、資金移動業者口座への賃金支払いについて以下のとおり選択します。

☐　私（労働者名）は、以下の事項を確認した上で、指定資金移動業者口座への賃金支払いに同意し、その取扱いは、下記のとおりとするよう申し出ます。

☐　私（労働者名）は、資金移動業者口座への賃金支払いに同意しません。（こちらを選択する場合、以下の記入は不要です）

記

1．指定資金移動業者口座への資金移動を希望する賃金の範囲及びその金額
　　※指定資金移動業者口座は、資金の受入上限額が100万円以下とされています。希望する賃金の範囲及びその金額は、裏面の留意事項「2．資金移動業者口座の資金」を確認の上設定することが必要です。
　　ア．定期賃金　　　　　　　　円
　　イ．賞与　　　　　　　　　　円
　　ウ．退職金　　　　　　　　　円

2．労働者が指定する指定資金移動業者名、サービスの名称、口座番号（アカウント ID）及び名義人（その他口座を特定するために必要な情報があればその事項）
　　指定資金移動業者名
　　資金移動サービスの名称
　　口座番号（アカウント ID）
　　名義人
　　（その他必要であれば口座を特定するために必要な情報（例：労働者の電話番号等））

3．指定資金移動業者口座への支払開始希望時期
　　　　年　　　　月　　　　日

4．代替口座として指定する金融機関店舗名並びに預金又は貯金の種類及び口座番号又は指定する証券会社店舗名並びに証券総合口座の口座番号、名義人
　　※本口座は、指定資金移動業者口座の受入上限額を超えた際に超過相当額の金銭を労働者が受け取る場合、指定資金移動業者の破綻時に保証機関から弁済を受ける場合等に利用が想定されます。
　　金融機関店舗名又は証券会社店舗名
　　口座番号
　　名義人

　　　　　　　　　　　　　　　　　　　　　　　　　　　　　年　　　　月　　　　日

氏　　名

1

資金移動業者口座への賃金支払に関する留意事項

　資金移動業者とは、資金決済に関する法律（平成21年法律第59号。以下「資金決済法」という。）に基づき、内閣総理大臣（財務局長に委任）の登録を受けて、銀行その他の金融機関以外の者で為替取引を業として営む事業者です。

【1．労働者の同意】

　使用者又は使用者から委託を受けた指定資金移動業者は、労働者に対して、以降に記載する事項について説明しなければなりません。また、資金移動業者口座への賃金支払を行う場合には、使用者は、労働者に対して、賃金支払方法の選択肢として、現金又は資金移動業者口座以外に、預貯金口座（銀行口座）又は証券総合口座への賃金支払も併せて提示しなければなりません。仮に、使用者が、賃金支払方法として、現金か資金移動業者口座かの2つの選択肢のみを労働者に提示した場合や、形式的に選択肢を提示していたとしても実質的に労働者に資金移動業者口座への賃金支払を強制している場合には、使用者は、労働基準法（昭和22年法律第49号）第24条に違反し、罰則の対象となり得ます。

【2．資金移動業者口座の資金】

　資金移動業者口座の資金は、預貯金口座の「預金」とは異なり、為替取引（送金や決済等）を目的としたものです。労働者が資金移動業者口座への賃金支払を利用する際には、口座への資金移動を行う賃金額は、為替取引（送金や決済等）に利用する範囲内とし、送金や決済等に利用しない資金を滞留させないことが必要です。このため、資金移動業者の口座への資金移動を希望する賃金の範囲及びその金額（希望額等）については、労働者の利用実績や利用見込みを踏まえたものとする必要があります。また、希望額等の設定に当たっては、資金移動業者が設定している口座残高上限額（100万円以下）及び指定資金移動業者が1日当たりの払出上限額を設定している場合には当該額以下に設定する必要があります。

　また、賃金支払が認められる資金移動業者口座は、資金の受入上限額が100万円以下となっています。このため、賃金支払に当たって口座の受入上限額を超えた場合の送金先の金融機関名又は証券会社名及びその口座番号等をあらかじめ登録しておく必要があります。仮に受入上限額を超過した際には、あらかじめ登録された預貯金口座等に資金移動業者が送金を行いますが、その際に送金手数料の負担を求められる場合があります。

【3．資金移動業者が破綻した場合の保証】

　銀行等の金融機関が破綻した場合には、預金保険法に基づく預金保険制度により一定額の預金が速やかに保護されますが、賃金支払が認められる資金移動業者が破綻した場合には、預金保険制度の対象とはなりません。資金移動業者が破綻した場合には、資金移動業者と保証委託契約等を結んだ保証機関により、労働者と保証機関との保証契約等に基づき、速やかに労働者に口座残高の全額が弁済される仕組みとなっています。

【4．資金移動業者口座の資金が不正に出金等された場合の補償】

　賃金支払が認められる資金移動業者口座の資金が労働者の意思に反して権限を有しない者の指図が行われる等の労働者の責めに帰すことができない理由により口座の資金が不正に出金等された際に、労働者に過失が無い場合には損失全額が補償されます。また、労働者に過失がある場合にも損失を一律に補償しないといった取扱いとはされず、少なくとも個別対応とされます。なお、労働者の親族等による払出の場合、労働者が資金移動業者に対して虚偽の説明を行った場合等においては、この限りではありません。また、損失発生日から一定の期間内に労働者から資金移動業者に通知することが資金移動業者による補償の要件となっている場合には、当該期間は少なくとも損失発生日から30日以上は確保することとなっています。

【5．資金移動業者口座の資金を一定期間利用しない場合の債権】

　賃金支払が認められる資金移動業者口座残高について、資金移動業者が利用規約等により有効期限を定める場合には、口座残高が最後に変動した日から少なくとも10年間は債務が履行できるようにされていることとなっています。

【6．資金移動業者口座の資金の換金性】

　賃金支払が認められる資金移動業者口座の資金は、現金自動支払機（CD）又は現金自動預払機（ATM）の利用や預貯金口座への出金等の通貨による受取が可能となる手段を通じて資金移動業者口座の資金を1円単位で払出をすることができます。また、少なくとも毎月1回は、労働者に手数料負担が生じることなく資金移動業者口座から払出をすることができます。

（以上）

第9章

労務コンプライアンス調査業務における指摘事項例

労務コンプライアンス調査（労務デューデリジェンス）について

　私共がIPOを目指す企業に関与する場合，最初に現状の労務管理上の課題を挙げるために，労働基準法や労働安全衛生法を始めとした法律に違反していないかを網羅的に確認する業務があります。一般的には，労務DDと言ったり，労務監査，労務コンプライアンス調査と言ったりすることがあります。IPOを目指すいわゆる上場申請期の直前２年前くらいから行うことが多くなっています。

　上場前の主幹事証券会社の審査時には，未払い残業代などの問題を完全にクリアにしておく必要があります。やはりここで一番問題となってくるのが，残業代が正しく計算されているかになります。主流の給与クラウドシステムなどを使用している場合に数字のセットミス，例えば各自の残業単価を計算するための１カ月の平均所定労働時間数を実態より大きな数字にセットしていた場合は，自動計算される残業単価が低くなり，一部残業代の未払いが発生してしまいます。さらに，この低い残業単価で定額（固定）残業代を算出してしまうと定額で支給していた定額残業代も相違することになり，過去分の清算が必要となってきます。このようなケースは，労務コンプライアンス調査において発覚するケースが多くあります。

　ひと昔前は，労務に特化して調査業務をすること自体がなかったのですが，最近は，IPOに限らずM＆Aの場合でも，法務からは切り離して労務について調査業務を行うことが当然になってきています。法務DD，会計DD，労務DDといったように，労務については給与計算業務などの実務を行っていないと労働法に抵触していることが気づきにくいことからも，専門家である社会保険労務士が対応するケースが多くなっています。

具体的な調査ですが，給与関係書類の資料確認とともに労務などの担当者へのインタビューを入れながら業務を行っています。

◖◗労務コンプライアンス調査での指摘事例

ご参考までに労務コンプライアンス調査（労務DD）指摘事項トップ5は次の通りです。

（1）労働時間の把握・管理方法

- 勤怠システムを導入し，1分単位で打刻していたが，システムにて各日15分単位で切捨てし集計されていたケース。

  ※労働時間は切捨てることなく原則1分単位で把握することが求められます。

- 社内の所定の場所での着替えを行っていたが，着替えてから打刻する流れだったため，「制服の更衣時間」について，労働時間として集計できていなかったケース。

- 会社で管理監督者としている方について，勤怠管理をされておらず，労働時間が把握されていないケース。

  ※労働基準法上の管理監督者であっても，健康確保を図る必要があるため，労働時間を適正に把握する必要があります。

（2）未払賃金（通常の賃金，時間外手当などの割増賃金）

- 労働時間の集計方法に誤り（1日単位での端数切捨て，休憩時間の自動設定，労働時間の把握漏れなど）があったため，未払い賃金が発生していたケース。

- 時間外単価の計算に使用する1カ月平均所定労働時間数が実態と相違（1カ月平均労働時間数を多めに設定）していたため，時間外単価が不足していたケース。

- 割増賃金算定基礎に含めなければならない手当を含めていなかったために，時間外単価が不足してしまったケース。

  ※最近では，リモート勤務に対する手当が割増賃金算定基礎に含まれていないケースが目立ちます。

● 「歩合給[※]」の支給があったケースで，歩合給の割増賃金計算がされていなかったケース。

※成果に対して定められた金額を支払う。

（例：売上の○％を支給，●●1件に対し○円の支給など）

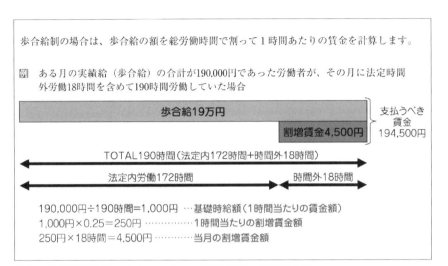

歩合給制の場合は、歩合給の額を総労働時間で割って1時間あたりの賃金を計算します。

図　ある月の実績給（歩合給）の合計が190,000円であった労働者が、その月に法定時間外労働18時間を含めて190時間労働していた場合

歩合給19万円
割増賃金4,500円
支払うべき賃金 194,500円

TOTAL190時間（法定内172時間＋時間外18時間）
法定内労働172時間
時間外18時間

190,000円÷190時間＝1,000円 …基礎時給額（1時間当たりの賃金額）
1,000円×0.25＝250円 …………1時間当たりの割増賃金額
250円×18時間＝4,500円 ………当月の割増賃金額

出典：東京労働局「しっかりマスター　労働基準法　割増賃金編」

（3）労働基準法上の管理監督者

　会社では労働基準法第41条第2号に規定する，いわゆる「管理監督者」として処遇していたが，実態としては管理監督者にはあたらないケース。

※労働基準法上の管理監督者は，権限・勤怠・報酬について，管理監督者にふさわしい処遇などが必要となります。組織上の「管理職」とは必ずしも一致せず，実態により判断されます。仮に管理監督者として認められなかった場合，時間外勤務手当などの支払いが必要となりますが，給与水準が高いことも多いため高額となる傾向にあります。安易に管理監督者に処遇しないことがポイントです。

（4）休憩時間

　休憩時間について，実際には1時間の休憩が取れていなかったが，勤怠システムにて1時間の休憩として自動的に集計していたため，実際の労働時間が少なく集計されていたケース。

　※勤怠システムで休憩時間の自動取得を設定されている場合，設定されている休憩時間と実際の休憩時間に相違がある場合は修正を行う必要があります。

（5）36協定の上限管理，遵守のための体制の構築

● 従業員代表の選出手続きが適切でないケース

　※従業員代表を使用者が指名していないか，民主的な手続きで選出されているか，協定内容を遵守しているか，法規制に違反していないか，業務の種類にもれはないかなどを確認しておく必要があります。

● 特別条項発動の手続が行われていないケース

　※特別条項を発動する際には，特別条項発動通知を協定に定める方法で確実にしておく必要があります。

＊その他（雇用契約・業務委託契約・派遣契約などの適正な契約の締結）

　実態は雇用契約であるにもかかわらず，業務委託契約を締結しているケース。

　※上記のようなケースの場合，後から実は雇用契約だったとして，未払い残業代などを請求されるケースもあるため，雇用契約と業務委託契約の区別はとても重要です。労働法の世界は実態がすべてです。

労務コンプライアンス調査において，項目別に以下のような指摘をさせていただくことが多いため，一度自己点検してみてはいかがでしょうか。

項　目	指摘事項の例
就業規則	□ 有期社員就業規則は別に定める，と規定しているが，作成されていない。 □ 法改正の多い，育児・介護休業規程が古いまま放置されている。 □ 変更する際に，改めて労働者代表を選出せず会社側で都合良く指名している。 □ パートタイム労働者に閲覧制限が設けられている。
労働時間	□ 休憩時間を勤怠システム上1時間にデフォルト設定したまま，実際に取得できているかインタビューなどで確認していない。 □ 勤怠システムを採用しているが，打刻された始業・終業時刻の実態を確認する体制が整っていない。（例：インタビュー，ＰＣログ，入退館記録など） □ 始業前の朝礼や清掃を労働時間としてカウントしていない。 □ 出張日は一律8時間労働といった打刻をさせている。 □ 在宅勤務時の始業・終業時刻の打刻ルールが徹底されていない。
ハラスメント防止措置	□ 会社方針が明確化されている確認資料などが何も無い。 □ パート，アルバイト，派遣労働者などを含む全ての労働者に会社の方針や相談窓口が周知されていない。 □ ハラスメント防止研修など何も行っていない。
育児休業	□ 雇用環境整備（研修，相談窓口の設置，取得事例の収集・提供，取得促進に関する方針の周知）について何も対応していない。 □ 妊娠・出産（本人または配偶者）の申出をした従業員に対し，個別に制度を周知するとともに育児休業・出生時育児休業の取得の意向を確認していない。

項　　目	指摘事項の例
賃金計算 （規程含）	□ 月平均所定労働時間，月平均所定労働日数の根拠を説明できない。 □ 外部委託を理由に自社の賃金計算の内容を説明できない。そのため，外部委託先が誤った賃金計算を行っていても指摘できず，放置されている。 □ 月60時間超の残業時間にかかる割増賃金率1.5で支給していない。 □ 定額残業代制度を適用しているが，賃金規程に定めていない。 □ 手当新設の際，賃金規程の改定を行っていない。また割増賃金や定額残業代計算の際，当該手当を基礎単価に含めておらず，一部未払となっている。（※前提として当該手当が割増賃金の基礎単価に入る手当の場合） □ 歩合給に対する割増賃金を計算していない。 □ 通勤手当を経費扱いとしている。（労働保険料の算定基礎に含めていない） □ 賞与を固定額で支給しているが，割増賃金の算定基礎に含めていない。 □ 定額残業手当を超える時間外労働があるが，差額の時間外手当を支給していない。 □ 定額深夜勤務手当を超える深夜労働があるが，差額の深夜勤務手当を支給していない。 □ 税・社会保険料など法定以外の控除を行っている場合，労使協定を締結していない。 □ 賃金規程には，賃金計算において生じた端数は切上げると規定しているが，給与システム上は切捨てられて計算されており，規程と相違している。 □ 賃金の降給する場合について規定上の根拠があいまい。

項　　目	指摘事項の例
36協定	□ 起算日を過ぎて労基署へ届出を行っている。 □ 本社以外の拠点が存在する場合に，事業場ごと（拠点ごと）に届出していない。 □ 従業員代表選出のプロセスを説明できない。 □ 単月で100時間以上の時間外労働（法定休日労働を合算）を行っている従業員がいる。 □ 時間外労働（法定休日労働を合算）の2〜6カ月平均時間が80時間を超えている従業員がいる。 □ 協定に定めた特別条項の「業務の種類」に，パートタイム労働者も含めた全従業員が網羅されていない。 □ 協定に定めた特別条項の発動手続を行っていない。 □ 特別条項の回数が上限である年6回を超えている。 □ 特別条項に定める業務内容が，通常業務の延長である。（臨時的な業務ものとなっていない） □ 協定に定めた健康確保措置を何も行っていない。
帳票類管理	□ 労働者名簿は勤怠システムなどから出力できるが，内容を更新していない。
管理監督者	□ 経営会議など重要な会議体へ参加していない。参加していても単に報告だけ行っている。 □ 遅刻，早退時間について賃金控除されている。人事考課で遅刻，早退の回数がカウントされ，マイナス評価されている。 □ 賃金について，一般社員へ残業代を支給した場合に逆転現象が起きている。また，逆転現象が起こりやすい賃金制度になっている。 □ 一般従業員同様，シフトに組込まれている。 □ 部下の人事考課に関与しておらず，時間外労働の命令について責任と権限がない。 □ 管理監督者の全従業員数に占める比率が高すぎる。

項　　目	指摘事項の例
有給休暇	□ 有給休暇管理簿を作成していないため，自社の実態が把握できていない。 □ 年10日以上付与した従業員について，5日以上取得させていない。 □ パートタイム労働者については比例付与などで付与する必要があるが，管理していない。
高年齢者	□ 希望者全員を再雇用するなどの高齢者雇用確保措置が就業規則に規定されていない。
障害者雇用	□ 障害者雇用状況報告書を提出していない。 □ 法定雇用雇用率：2.3％を達成するための計画を全く立てていない。 ※令和6年4月〜2.5％，令和8年7月〜2.7％
外国人労働者	□ 在留資格について入社時には確認しているが更新の際は行っていない。 □ 資格外活動許可の場合に，上限として定められた労働時間を管理していない。 □ 雇用保険未加入者の場合，外国人雇用状況を届出していない。
健康保険厚生年金	□ パートタイム労働者について，一律加入させていない。 □ 入社時一時金，社員紹介一時金など，賞与として取扱うべきものについて，賞与支払届を提出していない。（社会保険料も控除していない）
労働保険雇用保険	□ 本社以外の拠点が存在する場合に，事業場（拠点）単位で保険成立届を届出ていない。 □ 営業所・出張所などにかかる雇用保険適用事業所非該当届を提出していない。

項　　目	指摘事項の例
労働災害安全衛生	□ 業務災害が起こった場合に，労働者死傷病報告を届出していない。（特に3日未満の届出がされていない） □ 雇入れ時の健康診断・安全衛生教育を行っていない。 □ 1年以内に定期健康診断が行えず，経過して実施してしまうことがある。 □ 有所見者について，産業医の選任義務が無い事業所について地域産業保健センターなどを活用して意見聴取していない。 □ 50人以上の規模である場合に，定期健康診断結果を労働基準監督署へ報告していない。 □ 50人以上の規模である場合に，ストレスチェックを実施し，結果を労働基準監督署へ報告していない。 □ 50人以上の規模である場合に，産業医を選任し労基署へ届出していない。または変更した場合の届出を失念している。 □ 50人以上である場合に衛生管理者（安全衛生管理者）を選任し労基督署へ届出していない。または変更した場合の届出を失念している。 □ 10人以上50人未満である場合に衛生推進者（安全衛生推進者）を選任し周知していない。 □ 衛生（安全衛生）委員会を月1回開催しているが，議事概要を周知していない。
出　　向	□ 出向契約書に以下のような目的が記載されておらず，実態が不透明。 ・労働者を離職させるのではなく関係会社において，雇用を確保するため。 ・経営指導，技術指導の実施。 ・職業能力開発の一環。 ・企業グループ内の人事交流の一環。

項　　目	指摘事項の例
業務委託	□ 以下のような実態の場合，運用に疑義が生じうるので注意。 ・業務委託者が実態として依頼を拒否することができない。 ・事業組織に業務委託者を事業の遂行上不可欠なものとして組み入れている（組織図上，明確になっている）。 ・業務の遂行の仕方について，詳細な指示を行っている。 ・注文書，仕様書といった注文指図によるものではなく，自社のマニュアルによる業務遂行を強制しており，業務の独立遂行を認めていない。 ・副業および兼業を自由に認めておらず，実態が専属である。 ・朝礼，終礼などの参加義務を課し，出社，退社時刻といった勤務時間，勤務場所の拘束をしている。
兼業・副業	□ 業務委託契約を認めている場合に，過重労働防止の観点から，おおよその労働時間を把握していない。 □ 雇用契約を認めている場合に，他社の労働時間を申告させ，必要な割増賃金を支払っていない。
派　　遣	□ 派遣先管理台帳を整備していない。 □ 派遣元の求めに応じて抵触日の通知を行っていない。 □ 派遣元の36協定を遵守していない。 □ 事業所単位で3年を超えて役務の提供を受けようとする場合に，従業員代表の意見を聴いていない。
同一労働同一賃金	□ 家族手当，住宅手当のような業務に直接関係ない手当について，パートタイマーのみ一律に支給していない。 □ 通勤手当について，パートタイマーのみ上限額を設けている。 □ 慶弔休暇などの特別休暇について，パートタイマーのみ一律に適用除外している。 □ 慶弔見舞金について，パートタイマーのみ一律に適用除外している。 □ 提携先福利厚生施設などの利用について，パートタイマーのみ一律に適用除外している。

第10章

バックオフィス実務で
特に注意したいポイント

（管理監督者，退職勧奨など，休職規定）

管理監督者について

❣ここが実務上のポイント❣

　よく「管理監督者にしたら残業代などは不要になるよ」と言われ管理監督者にしてしまうケースが見受けられます。後述するように法律上，判例上，管理監督者として認められる基準のハードルが非常に高いことに注意する必要があります。おそらく下記の基準を満たす方は，日本の会社ではほぼ皆無で，役員すらこの基準を満たさないのではないでしょうか。スタートアップ企業の場合は，固定（定額）残業制度などを取り入れて現実的な対応を取られることをお勧めします。

　最初は従業員への信頼感から便宜上管理監督者扱いにしたものの，後で従業員とこじれて管理監督性を否定しながら残業代をまとめて請求されるケースはよくあるものです。この場合は，固定残業代を支給していませんので丸々基本給が残業単価の算出ベース金額になり，単価も相当上がることになります。

　その他，会社には管理監督者を置く必要があるとよく勘違いされることがあります。管理監督者というのは，あくまでも労働基準法第41条第2号の規定に定められている者にすぎず，会社が定める通常の管理職とは相違します。管理職は組織運営上必要ですが，労働基準法第41条第2号で規定する管理監督者は必ずしも置く必要はありません。

◆労働基準法に規定する管理監督者とは

　労働基準法第41条第2号（労働時間等に関する規定の適用除外）によれば，「事業の種類にかかわらず監督若しくは管理の地位にある者」とありま

すが，実態としてどのような社員のことを指すのかについては，少なく
とも次のチェックポイントをできる限りクリアしている必要があると考
えます。

管理監督者の主な該当チェックポイント	
構成割合	□ 概ね10％未満であること ＊ただし，この範囲内だとしても，主に下記の要件がクリアできない 　と管理監督者として認められないことに注意する必要があります。
勤　怠	□ 出退勤に裁量があること □ 遅刻・早退があった場合に勤怠控除せず，評価にも影響しな 　いこと □ 一般社員と同様にシフトに組込まれていないこと
報　酬	□ 一般社員の最上位層と年収ベースで逆転していないこと □ 賞与を支給する場合に，一般社員と比較して有利な基準があ 　ること □ 役職手当などが支給されていて容易に一般社員の給与と逆転 　しない給与体系になっていること
権限など	□ 重要な会議体への出席義務があり，単に報告にとどまらない 　発言権があること □ 社員の実質的な採用権限があること □ 業務遂行における実質的な裁量権があること □ 人事考課の実質的な権限があること □ 部下がいること □ 一般社員と同様の職務に従事していないこと

　いわゆる「管理職」のことではありませんので，課長，マネージャー
といった昇進したことを機に管理監督者とみなし，以後の月において時
間外手当の支払いを行わないといった運用がみられますが，これは適切
ではなく未払残業代の大きなリスクを抱えることになります。
　管理監督者の法律上のハードルは非常に高く，特に少数組織の場合に
は権限などにおいて不充分であるケースが散見されます。安易に管理監
督者として登用せず，組織の成熟フェーズなどに照らし慎重に検討する
ことが重要です。

休職制度について

　会社が従業員との間で適切な労使関係を構築・維持するため，就業規則で「休職制度」を策定しておくようお勧めします。休職制度とは，業務に従事できない従業員に対して業務を免除する制度です。例えば私傷病などの私的な理由で仕事ができなくなった従業員に休職制度を適用すると，一定期間仕事を免除できます。

1. 休職制度の策定は任意

　休職制度については，特に法律に規定されているものではありません。休職制度を規定するかや，その内容については，会社の任意の決定事項になります。具体的には就業規則などに定めて休職制度を導入します。

2. 休職制度を策定するようお勧めする理由

　法律上の義務でなくても休職制度を構築しておくようお勧めしています。スタートアップの企業に限られないのですが，最近は従業員のメンタル疾患についてのご相談を多くお受けします。休職の制度がないと多くの場合，就業規則の解雇事由に該当することになり，解雇せざるを得なくなるケースもみられます。しかし解雇は必ずしも有効になるとは限らず，トラブルのもとになってしまうケースも少なくありません。

　会社に休職制度があれば，従業員は安心して会社を相当期間休むことができ治療に専念できます。会社にとっても無用な解雇トラブルを避けられて，人材の離職を防げるメリットがあるといえるでしょう。

3. 休職制度適用中の給与

　休職制度が適用される期間，従業員は出社せず仕事もしません。このように働いていない期間については，「ノーワークノーペイ」の原則によ

り，会社は従業員へ給与を支払う必要はありません。ただ会社の判断で一部の給与を払う場合もあります。

　また，ご本人には，健康保険制度から傷病手当金が給与の2／3が支給される場合があります。

傷病手当金が支給される条件

- ●業務外の事由による病気やけがの療養のための休職である
- ●連続する3日間を含めて4日以上労働ができない
- ●休職中の給与の支払がない

　従業員が労災によって休職する場合には，労働者災害補償保険（労災保険）からの給付金が支給されます。

4. 休職制度が利用される場合

　休職制度が利用されるのは，私的な理由による傷病のケースがほとんどです。

5. 休職制度の適用後に復職できなかった場合

　休職制度を就業規則に規定しておくと，休職期間内に復職できなければ自動的に退職とすることができます。もっともあまりにも短い休職期間で復職できない場合にまで退職とすると問題となるので，相当程度の期間を設けることが必要です。

　休職期間については，勤続年数により規定することが一般的です。なお，試用期間中には休職を適用しないとする就業規則の規定を拝見しますが，休職制度がない場合には上述したように解雇手続きをとらなければならなくなるので，試用期間中についても適用することができる規定をお勧めします。

6. 休職と休業の違い

休職と休業の違いについてもみておきましょう。

休職は上記のとおり，従業員の都合によって休むものです。一方，休業は会社の都合で休みになったり，法律の規定に従って休んだりするものです。休業の場合には，法律にもとづいた制度なので支給される給付金や補償があります。

例えば法律の定める休業には，以下のような例があります。

- 育児休業，介護休業
- 労働災害によるケガや病気療養のための休業
- 会社都合による休業（経営難による自宅待機など）

7. 休職と欠勤の違い

休職と欠勤の違いについてもみておきましょう。

欠勤は，本来ならば出勤義務がある日に，従業員が自分の都合で出勤しないことをいいます。休職も欠勤も，従業員の都合により会社を休む点では同じです。しかし休職の場合には会社によって就労業務が免除されていますが，欠勤の場合には免除されていない点で大きく異なります。そこで欠勤した日の賃金は「ノーワークノーペイ」の原則により，支払われないのが一般的です。

8. 休職制度の構築方法

休職制度は会社独自の制度なので，導入する際には給与の取り扱いなどの詳細条件を定め，就業規則に記載しなければなりません。以下のような点に注目して，ルールを構築すると良いでしょう。

- 休職の条件
- 休職の上限期間
- 休職の適用範囲

9. 就業規則に記載する

　会社の実情に応じて休職に関するルールを決めたら，就業規則に記載して従業員へ周知しなければなりません。従業員がいつでも確認できる状態にしておきましょう。

♥ここが実務上のポイント♥

　最近では，従業員がメンタル疾患に罹患するケースが多いため，会社としては休職をすぐに発令することができる規定にしておく必要があります。

　上述したように休職期間満了時に復職できない場合は，休職期間満了による退職となりますので，休職の開始日がとても重要になります。必ず休職の開始日を記載した書面にて休職を発令するようにしてください。

●●●●年●●月●●日

●●部●●課　●●　●●　殿

株式会社●●●●
代表取締役　●●　●●

休職発令書

貴殿は●●●●年●●月●●日〜●●●●年●●月●●日までの間，業務外の傷病により欠勤されました。これは就業規則第○条第○項に定める休職事由に該当致します。つきましては下記のとおり，就業規則同条に基づき貴殿に対して次の通り，休職を命じます。

記

【休職期間】
●●●●年●●月●●日から●●●●年●●月●●日（休職期間満了日）の6カ月間

【休職期間中の遵守事項】
・休職期間中は療養に専念すること
・休職期間中においても，会社の情報（顧客，取引先に関する情報を含む）を，第三者に漏らさないこと
・会社の求めに応じて指定期日に状況報告を行うこと
・休職期間中の社会保険料等の被保険者負担分は，会社の指定期日までに振り込むこと

【復職時の申出】
復職を申し出る場合は，医師の診断書を添付して申請してください。なお，会社が必要と判断した場合は，会社の指定する医師の診断書の提出を求めることがあります。

【休職期間満了日に復職できない場合の取扱い】
●●●●年●月●日の休職期間満了日に復職できない場合は，就業規則第●条第●項により，退職となる旨通知します。

（休職）

第●条　会社は，従業員が次の各号のいずれかに該当するときは
　　　　休職を命ずる。

　　⑴　業務外の傷病により欠勤が継続，断続を問わず日常業
　　　　務に支障をきたす程度（おおむね１カ月程度以上とする。）で
　　　　あると会社が判断したとき

　　⑵　精神または身体上の疾患等により，通常の労務提供が
　　　　できないとき，もしくは通常の労務提供ができないと会
　　　　社が判断したとき

　　⑶　会社の命令により，出向するとき

　　⑷　その他，業務上の必要性または特別の事情があって，休
　　　　職させることが適当と認められるとき

（休職期間）

第●条　休職期間（会社が発令した日を起算日とする。）は休職事由を
　　　　考慮のうえ，原則次の期間を限度として会社が定める。

　　⑴　第●条第１号および第２号の事由によるもの

　　　　勤続満１年未満の者　　　　　　　　　　　３カ月

　　　　勤続満１年以上５年未満の者　　　　　　　５カ月

　　　　勤続満５年以上の者　　　　　　　　　　　９カ月

　　⑵　第●条第３号および第４号の事由によるもの

　　　　　　　　　　　　　　　　　　　　　　　必要な期間

　２　会社は，前項の休職期間について，医師の診断等によりそ
　　　の期間を短縮し，または特に必要と認めた場合は延長する
　　　ことがある。なお，会社は休職期間の延長を判断するにあ
　　　たり，会社の指定する医師への受診を命ずることがある。

　３　私傷病による休職期間中は，療養に専念しなければなら
　　　ない。

4　休職期間中において休職事由が消滅したと会社が認める
ときは復職を命ずる。

5　第●条第1号および第2号による休職の場合で休職期間
満了前に復職し，復職の日から1年以内に再び同一または
類似の傷病により欠勤する場合は，欠勤開始日より休職と
し休職期間は復職前の期間と通算する。

6　前項の場合における休職期間は，復職前の休職期間の残
日数（ただし残日数が1カ月に満たない場合は1カ月）とする。
なお，この対応は1回限りとする。

（休職期間中の給与）

第●条　休職期間中の給与は無給とする。ただし，第●条第3号
の出向休職の場合はこれによらないことがある。

（休職期間中の連絡）

第●条　休職期間中の者は，原則として毎月1回以上会社に近況
を詳細に報告しなければならない。

（休職期間中の社会保険料等の取扱）

第●条　休職期間中に社会保険料，住民税その他従業員が負担す
べきものがあるときには，会社の指定する日までに支払
うものとする。

（休職期間の取扱）

第●条　第●条第3号の事由による休職を除き，休職期間は勤続
年数に算入しない。ただし，年次有給休暇日数算定にあ
たっては，勤続年数に算入する。

（復職）

第●条　第●条第3号の事由による休職を除き，休職期間満了ま

でに休職事由が消滅したときは，従業員はすみやかにその旨を会社に通知し，復職願を提出しなければならない。休職の事由が傷病による場合は，主治医の診断書を復職願に添付しなければならない。

2　会社は，休職期間満了時までに休職事由が消滅したものと認め，かつ，従前の職務を通常の程度に行える健康状態に復したと判断されるときは元の職務に復帰させる。元の職務に復帰させることが困難であるか，または不適当な場合には，他の職務に就かせることがある。

（休職期間満了による退職）
第●条　第●条により休職を命ぜられた者が休職期間満了時において復職できないときは，休職期間の満了の日をもって退職とする。

退職勧奨，本採用拒否，雇止め

1. 退職勧奨とは

　退職勧奨は，「解雇」ではありません。あくまで会社が退職の勧奨を労働者に対して行うことを意味します。退職勧奨に応じるかどうかは労働者の自由であり，労使間で退職について合意が成立した場合に退職となります。ポイントは，会社が退職勧奨を行うことは自由で，労働者側も退職勧奨に応じるかは自由である点にあります。

（1）退職勧奨のタイミング

　業務遂行能力など，労働者側の事情により行う場合，客観的な材料・証拠を日頃から記録しておいてから行うことが望ましいといえます。何の根拠も無く退職勧奨を行っても労働者への説得力に欠け，ともすればパワーハラスメントや退職強要と抗弁されて余計に事態が悪化するリスクがあります。

（2）退職勧奨を行う際のポイント

● 会社側は2名まで，時間は1回につきできれば30分程度，長くても1時間以内としましょう。説得人数が多い場合，圧迫されたため退職強要にあたるといわれる可能性がありますし，時間が長時間におよぶ場合は，退職の意思表示をするまで終わる雰囲気ではなかったと主張される可能性があります。

● 退職しない意思を明確にした従業員に対しては，その後何を言っても応じない可能性が高く，逆に違法性を主張されるリスクがあります。退職勧奨を2回以上行う場合には新しい条件^(※)を提示するなどして，従業員側が応じる可能性があるかを見極めた上で行いましょう。

※新しい条件の例

　　・割増退職金を提示または増額する。

　　・転職のために勤務免除期間を設け，その期間分の賃金を支払う。

● 従業員の自宅に強引に押しかけたり，他の従業員に内容が聞こえるような場所で退職勧奨を行ったりしない。

● 従業員の人格を傷つけるような言動をしないよう，くれぐれも気を付ける。

（従業員にも録音されている可能性があります。意識しながら言葉や行動を選びましょう）

（3）違法性が認められた最高裁の判例

　会社が退職勧奨の対象者2名に対し，1名には2カ月半で11回，1名に対しては4カ月で13回呼び出しを行い，1回あたり20分〜2時間にわたって退職勧奨を行った事例があります。従業員側が退職勧奨に応じないことをはっきりと表明しているにもかかわらず，度を超えて執拗に退職を迫る行為が問題になりました。

　違法になると退職は無効になります。退職勧奨はくれぐれも強要にならないように注意しながら行うべきといえます。

（4）合意書を作成する

　退職勧奨によって従業員が退職することに決まったら，必ず従業員との合意書を作成しましょう。

　合意書がないと，後に退職した事実を証明できず，トラブルになってしまう可能性が高まります。ただし無理に合意書を書かせてはなりません。あくまで労働者にその自由な意思に基づいて書かせることが重要です。

　以下で退職勧奨時に使える合意書の例を示します。

[合意書（ひな型）]

　　株式会社●●（以下，「甲」という。）と●●（以下，「乙」という。）とは，甲と乙との間の雇用契約に関して，下記の通り合意する。

記

（合意解約）
第1条　甲と乙とは，甲が乙に対して提案した退職勧奨を受諾して，当事者間の雇用契約を令和●年●月●日（以下，「退職日」という。）をもって合意解約する。

（離職理由）
第2条　甲が乙に発行する離職証明書に記載する離職理由は，「退職勧奨（会社都合）」とする。

（特別退職金）
第3条　甲は，乙に対して，特別退職金として金　●　円（源泉所得税　●　円，住民税　●　円控除後の　　●　　円）を退職日から30日以内に，乙の指定する口座に振り込む。

（守秘義務）
第4条　甲と乙は，本件並びに本和解合意書の成立及び内容を第三者（離職証明書の発行等事務に関する場合を除く）に開示せず，第三者から乙の退職原因を問われた場合には円満退社したことのみを告げるものとする。

（清算）
第5条　甲と乙は，本合意書に定めるほか，時間外勤務手当請求権その他名称の如何を問わず，他に何らの債権債務がないことを相互に確認する。

本契約成立の証として本書を電磁的に作成し，双方にて署名捺印又はこれに代わる電磁的処理を施し双方保管するものとする。

※電子契約で
対応する場合

令和●年●月●日

甲　住所
　　株式会社●●
　　代表取締役　●●●●　印

乙　住所
　　氏名　●●●●　　印

♟ここが実務上のポイント♟

　私共がスタートアップ企業様から一番多くお問い合わせを受けるのが,「従業員を合法的に退職させたいけど,どういう方法があるの？」ということです。ご存じの通り,日本は解雇規制がとても厳しく,容易に解雇が認められない国です。そのため,従業員に退職をしてもらうためには,実務上,「退職勧奨」といって,退職を勧めてそれに従業員が合意をして,双方合意のもとに退職をしてもらうことが多く行われています。

　退職勧奨の際には,企業側が従業員側へ特別に退職金を支払ったり,残っている年次有給休暇の買取,さらに転職活動のための出勤免除などを提案したりするケースが多数です。

　「退職強要」と言われないためには,くれぐれも慎重に対応することが必要です。実際に退職勧奨を行う場合は,状況などを顧問の弁護士や社会保険労務士に相談しながら進めると安心でしょう。

　ちなみに退職勧奨を行った場合は,雇用保険上,「会社都合退職」となります。厚労省関係の各種助成金などを受給している場合は,所定の期間,受給できなくなりますのでご留意ください。

2. 試用期間満了後の本採用拒否

　試用期間後に本採用を拒否すると，解雇とほぼ同様の扱いになります。解雇に近い要件を満たさないと本採用拒否はできません。

　確かに試用期間は見極め期間のため，満了と同時に辞めてもらえるだろうと考えることもできそうですが，実務上は解雇に似た要件が必要で，厳格に扱われます。相当な理由がなければ本採用拒否(解雇)が無効となる可能性が高くなります。

　試用期間後の本採用拒否が違法となると，不当解雇として高額なバックペイの支払い命令が出る可能性もあります。ときには復職を命じられるケースもあるので注意が必要です。

(1) 本採用拒否には合理的な理由が必要

　試用期間後の本採用拒否には合理的な理由が必要です。

　例えば新卒社員の場合，能力不足や，協調性欠如，勤務態度不良などの従業員側の問題について，企業側で丁寧に繰り返し指導を行ったにもかかわらず改善の見込みがみられない場合に限って，本採用拒否に合理的理由があると考えられます。

(2) 試用期間後の本採用拒否をトラブルなく進める方法

　試用期間の従業員の適格性を判断の上，本採用を行わないことがある旨，就業規則に定めましょう。試用期間中に業務命令違反，協調性不足の兆候がみられた場合には直ちに指導を行い，以後は頻繁に改善のための面談を実施することを推奨します。面談の回数，フィードバックの内容，本人の反応など，事実をこと細かく記録を残すといった対応が必要です。OJTだけではなくOFF-JTも併用して研修を実施しましょう。また毎日，日報を提出させて，コメントを残すなどの方法もあります。

　試用期間の従業員に問題がありそうな場合，毎日面談をして従業員側に自ら改善点を記載させて提出させましょう。本採用が厳しそうな場合，本人にあらかじめ伝えて改善を促すのも重要です。

（3）本採用拒否の前に退職勧奨を行う

本採用拒否は一種の解雇です。それより先に一度，先述した退職勧奨を行うことも検討します。

（4）就業規則に試用期間延長の規定を置く

試用期間については，延長する旨の規定をおいておくことをお勧めいたします。試用期間中の改善指導に加え，実務では試用期間を正式に延長して様子をみる方法もあります。

3. 有期契約労働者の雇止め

有期契約労働者の雇止めとは，契約社員などの有期契約労働者について，契約を更新せずに打ち止めにすることをいいます。

有期契約が切れたからといって，企業が自由に雇止めができるわけではありません。法令による制限が及ぶので，注意が必要です。

確かに有期契約の場合，正社員(無期契約社員)の解雇と比較すると，労働契約期間の満了ということで退職をさせやすいというイメージもあるでしょう。しかし単に契約期間があるというだけで容易に契約期間満了として退職にできない場合があります。現に雇止めに関するトラブルは多く発生しています。

（1）雇止めの2要件

● 客観的に合理的な理由
● 社会通念上の相当性

雇止めに関する制限として，労働契約法第19条に下記の規定があります。次回の更新を拒絶することが，客観的に合理的な理由を欠き，社会通念上相当であると認められないときは，「使用者は，従前の有期労働契

約の内容である労働条件と同一の労働条件で当該申込みを承諾したものとみなす」としています。

　つまり雇止めの場合にも，上記の2要件を満たさないと無効になってしまう可能性があるのです。

労働契約法（有期労働契約の更新等）
第19条　有期労働契約であって次の各号のいずれかに該当するものの契約期間が満了する日までの間に労働者が当該有期労働契約の更新の申込みをした場合又は当該契約期間の満了後遅滞なく有期労働契約の締結の申込みをした場合であって，使用者が当該申込みを拒絶することが，客観的に合理的な理由を欠き，社会通念上相当であると認められないときは，使用者は，従前の有期労働契約の内容である労働条件と同一の労働条件で当該申込みを承諾したものとみなす。
一　当該有期労働契約が過去に反復して更新されたことがあるものであって，その契約期間の満了時に当該有期労働契約を更新しないことにより当該有期労働契約を終了させることが，期間の定めのない労働契約を締結している労働者に解雇の意思表示をすることにより当該期間の定めのない労働契約を終了させることと社会通念上同視できると認められること。
二　当該労働者において当該有期労働契約の契約期間の満了時に当該有期労働契約が更新されるものと期待することについて合理的な理由があるものであると認められること。

（2）有期契約の運用における注意点

　有期契約の運用においては，次の点にご留意ください。

❶更新頻度や期間について

　1回の契約期間は長くても1年以内とし，それ以上更新されることへの期待を抱かせる発言をしないよう日頃から徹底しましょう。例えば以下のような言動は慎むべきです。

　「これから3年，5年……と中長期にわたってよろしくお願いします」

　「ゆくゆくは正社員に登用しますので期待しています」

　必要に応じて契約の最長期間や更新上限回数を設定しておくことも検討しましょう。

❷契約更新手続きを簡単に済ませない

　現在は，雇用契約も電子で契約締結する企業が増えてきていますが，更新手続が形骸化してしまっていると雇止めが認められにくくなります。更新手続きについては形骸化してないか，企業が定期的・自主的に点検する必要があるでしょう。

　従業員側から「実質的に無期雇用である」と主張されてしまうと雇止

契約更新手続き	
✕ 悪い例	「更新契約書を送るので，合意しておいてください」 ↓ 更新手続終了 このような更新手続が繰り返されている場合は，実質的に無期雇用と判断される可能性が高まると考えられます。
〇 良い例	・更新契約書を毎回作成する ・毎回面談を行って従業員の意思確認を行う ・毎回従業員に対し，次期契約時における改善点を伝えたり目標設定をしたりする ・上記について書面を残す

めは無効と判断されてしまう可能性があるため，更新時には更新面談を必ず行い，契約更新の期間，業務の評価及び改善すべき点をしっかりと伝えることを推奨します。

❸就業規則への規定及び周知

　次のように就業規則に規定し説明しておくことも，従業員に契約の更新を期待させないための有効な手段になり得ます。

［規定例］

　　第●条（労働契約の締結）
　　　会社は，従業員の採用にあたっては，「労働契約書」の締結を行う。
　2　前項の労働契約書の締結に際しては，採用時の給与，就業場所，
　　　従事する業務，労働時間，休日，その他の労働条件を明示する
　　　ものとする。
　3　雇用期間は，原則として●カ月以内とし，業務上の必要ある場
　　　合に限り，その都度，当該必要性を判断して更新するか否かを
　　　決定するものとし，更新がなされた場合には，改めて「労働契
　　　約書」の締結を行うものとする（更新によりその後の継続雇用を
　　　保障するものではない）。

　　第●条（給与の改定）
　　　給与の改定は，原則として契約期間中については行わない。ただ
　　し，契約更新時に会社の業績および従業員の人事評価を考慮して改
　　定を行うことがある。

（3）雇止めの予告について

　実際に契約期間満了にて雇止めをする場合には，「雇止めの予告」が必要となりますのでご留意ください。

　　雇止めの予告：有期労働契約が3回以上更新されているか，1年を超えて継続して雇用している従業員を雇止めする場合には，少なくとも30日前までに予告しなければなりません。

（4）雇止めの理由の明示

　労働者が理由の証明書を請求した場合には交付しなければなりません。なお，次のような理由であることが必要です。

- ・前回の契約更新時において契約更新しないことが合意されたため
- ・当初から契約締結に関し，更新回数の上限を設けており当該上限に達したため
- ・担当業務が終了，中止したため
- ・事業縮小のため
- ・業務遂行能力が十分ではないと認められるため[※]
- ・職務命令に対する違反，無断欠勤など勤務不良のため[※]

　上記の「※」については，争いになった際に正当性を主張できるよう日頃からの指導，面談の記録を残しておく必要があります。

　ただし無期契約社員の解雇予告と異なり，解雇予告手当の規定は適用されません。

（5）雇止めの理由に関する証明書について

　労働者側は会社に対し，雇止めの理由についての証明書の発行を求めることができます。企業側は要請を受けたらすぐに発行できるようにしておく必要があります。

（6）有期契約から無期契約への転換

　一定以上同じ事業所で勤務した有期契約社員には無期契約への転換権が認められます。

　具体的には同一の使用者（企業）との間で「有期労働契約が5年を超えて更新された場合」，「有期契約労働者（契約社員，アルバイト社員など）からの申込み」があれば，期間の定めのない労働契約（無期労働契約）に転換されます。これを「無期転換ルール」といいます。

　有期契約労働者が無期転換ルールに沿って使用者（企業）に対して無期転換の申込みをした場合，無期限の労働契約が成立し，使用者は断ることができません。

　当然ですが，有期契約社員による無期転換を防止したいからといって，雇止めをすることは認められません。そのようなことをすると雇止めの無効を主張されてトラブルになる可能性が高いので，慎重に対応する必要があります。

《付録》

人数規模別，業種別
各種届出・選任基準一覧表

【執筆者紹介】
◇安藤健一（あんどう・けんいち）
特定社会保険労務士
安藤社会保険労務士法人 代表社員／東京都社会保険労務士会会員
中央大学法学部法律学科卒業後，生命保険会社勤務（契約部及びシステム部）を経て，2002年に安藤社会保険労務士事務所を開業。その後2016年に安藤社会保険労務士法人へと法人成りし，代表社員へ就任。
著書に『就業規則作成マニュアル』（共著，大蔵財務協会）など。

◇柏木　謙（かしわぎ・けん）
社会保険労務士
安藤社会保険労務士法人所属／東京都社会保険労務士会会員
労務コンプライアンス調査，労務相談，就業規則などの作成，各種コンサルティングなどを担当。

◇三森千紘（みもり・ちひろ）
社会保険労務士
安藤社会保険労務士法人所属／東京都社会保険労務士会会員
労務コンプライアンス調査，労務相談，社会保険・労働保険事務手続き，給与計算業務などを担当。

❖安藤社会保険労務士法人
2002年開業当初から，主にＩＴ系・バイオ系スタートアップ，ベンチャー企業のIPO支援業務，上場企業を含む企業のアウトソーシング業務を中心としたサービスを展開。関与実績は2023年現在250社にのぼる。社会保険労務士有資格者７名，実務経験豊富なスタッフ７名の14名体制で，労務コンプライアンス調査から労務改善コンサルティング業務，給与計算および社会保険手続といったアウトソーシング業務，就業規則コンサルティング，労務相談顧問業務に至るまで一貫したサポートが可能。時代の変化にも柔軟性をもって適応しており，ＩＴ系企業が導入するSlackでのコミュニケーション対応はもちろん，各種クラウド系システムを熟知し，抵抗なく対応できる点が強みである。IPOにおける労務コンプライアンス上の課題にたびたび挙げられる，例えば「未払賃金を発生させない」といった実務対応は，全従業員で徹底して意識しながらアウトソーシング業務について対応している。

【所在地】〒104-0033
東京都中央区新川１-10-10　とらい館３階
安藤社会保険労務士法人
TEL 03-6206-2320　　FAX 03-6206-2321
URL https://ando-sr.jp

必携　スタートアップ企業
労務のチェックポイント徹底解説

❖

2023 年 7 月15日　第 1 刷発行

❖

編　者　安藤社会保険労務士法人
発行者　別府大悟
発行所　合同会社花乱社
　　　　〒810-0001　福岡市中央区天神 5-5-8-5D
　　　　電話 092(781)7550　FAX 092(781)7555
　　　　http://karansha.com
印刷・製本　大村印刷株式会社
［定価はカバーに表示］
ISBN978-4-910038-77-3